Die Wagners

kleine bayerische biografien

herausgegeben von
Thomas Götz

DOMINIK TOMENENDAL

Die Wagners

Hüter des Hügels

Verlag Friedrich Pustet
Regensburg

kleine bayerische biografien

Biografien machen Vergangenheit lebendig: Keine andere literarische Gattung verbindet so anschaulich den Menschen mit seiner Zeit, das Besondere mit dem Allgemeinen, das Bedingte mit dem Bedingendem. So ist Lesen Lernen und Vergnügen zugleich.
Dafür sind gut 100 Seiten genug – also ein Wochenende, eine längere Bahnfahrt, zwei Nachmittage im Café. Wobei klein nicht leichtgewichtig heißt: Die Autoren sind Fachleute, die wissenschaftlich Fundiertes auch für den verständlich machen, der zwar allgemein interessiert, aber nicht speziell vorgebildet ist.
Bayern ist von nahezu einzigartiger Vielfalt: Seinen großen Geschichtslandschaften Altbayern, Franken und Schwaben eignen unverwechselbares Profil und historische Tiefenschärfe. Sie prägten ihre Menschen – und wurden geprägt durch die Männer und Frauen, um die es hier geht: Herrscher und Gelehrte, Politiker und Künstler, Geistliche und Unternehmer – und andere mehr.
Das wollen die KLEINEN BAYERISCHEN BIOGRAFIEN: Bekannte Personen neu beleuchten, die unbekannten (wieder) entdecken – und alle zur Diskussion um eine zeitgemäße regionale Identität im Jahrhundert fortschreitender Globalisierung stellen. Eine Aufgabe mit Zukunft.

DR. THOMAS GÖTZ, Herausgeber der Buchreihe, geboren 1965, lehrt Neuere und Neueste Geschichte an der Universität Regensburg. Veröffentlichungen zu Stadt und Bürgertum in der Neuzeit.

Inhalt

Vorwort

Zeit seines Lebens war Richard Wagner heftig umstritten, kein Komponist löst bis heute derartige Emotionen aus. Niemand spricht beispielsweise vom Mozartianer oder Verdianer, aber der Wagnerianer ist bis heute ein Begriff. Zu Lebzeiten hatte Wagner dank seines Charismas die Menschen für sich einnehmen können. Seine »wogende Rückenmarksmusik« (Robert Musil) tat ihr Übriges; ohne den Umweg über den Verstand zu nehmen, schlägt sie die Hörer emotional in ihren Bann. Doch das war auch für allerlei Wagnerianer der Anlass, sich gar nicht mehr ihres Verstandes zu bedienen, wenn es um den »Meister« ging. Der französische Komponist Camille Saint-Saëns schrieb ironisch: »Für einen Wagnerianer gab es vor Wagner überhaupt keine Musik, oder sie steckte mindestens noch in den Kinderschuhen. Wagner hat sie erst auf die Höhe der Kunst erhoben. Sebastian Bach, Beethoven und zum Teil Weber haben die Ankunft des Messias vorbereitet; das ist ihr einziges Verdienst. Die anderen zählen überhaupt nicht: Händel, Haydn, Mozart, Mendelssohn haben auch nicht eine brauchbare Note geschrieben, französische und italienische Schulen gibt es nicht. Jeder Genuss einer anderen Musik als der Wagnerschen dünkt dem Urbild des Wagnerianers eine Erniedrigung; dagegen muss er bei einer Aufführung seines Meisters, und wäre es nur das Ballett aus ›Rienzi‹, in einen Zustand der Verzückung geraten, der schwer zu beschreiben ist.«

Diese Wagner-Begeisterung war international und überall anzutreffen. Dieser musikalische Chauvinismus – in der Villa Wahnfried durfte beispielsweise der Name Giuseppe Verdis nicht genannt werden – ist ebenso lächerlich wie auch ein Produkt der Vergangenheit. Wollte man einen Umweg gehen und Komponisten mit Fußballclubs vergleichen, könnte man sagen, Wagner habe heute immer noch die leidenschaftlichsten und treuesten Fans – die von den Fans anderer Clubs mit nicht wenig Verwunderung angesehen werden, weil sie sich enthusiastisch und freiwillig stundenlangen Musikdramen aussetzen. Wie Loriot – alias Vicco von Bülow, ein entfernter

Verwandter der Wagners – schrieb: »Noch am interessantesten scheint mir die Ansicht, für einen Wagnerianer gehörten der *Don Giovanni*, die *Matthäuspassion* und Beethovens späte Streichquartette auf das Feld der leichten Muse, obgleich ihm die *Götterdämmerung* kurzweiliger erscheint als eine *Nacht in Venedig*.« In der Tat: Für einen vergnüglichen Opernabend ist Wagner tatsächlich nicht der Richtige. Mit seiner Schwere, Tiefe und seinem intellektuellem Anspruch gilt er immer noch als sehr »deutsch«. Dieser Nimbus des Nationalkomponisten, Wagners begeisterte Anhängerschaft, sein immenser künstlerischer Anspruch, seine monumentalen Werke und seine faszinierende und widersprüchliche Persönlichkeit – all das begründet den Mythos Wagners bis heute.

Es wäre gewiss vermessen, Richard Wagner als Bayer in Anspruch zu nehmen – er wurde in Leipzig geboren und lebte in ganz Europa, von Dresden bis Riga, von Paris bis Wien. Heimisch aber wurde er in Bayreuth. Auch wer sich nicht sonderlich für klassische Musik interessiert, kennt die Bayreuther Festspiele. Das Festspielhaus thront auf dem sogenannten Grünen Hügel im Norden der Stadt. Als Provisorium geplant, hat es zwei Weltkriege überstanden und macht Bayreuth bis heute zu einem Mittelpunkt der Musikwelt. Kaiser, Könige, ein »Führer«, Bundespräsidenten und Bundeskanzler kamen und gingen, aber immer wurden die ehrenwerten wie weniger ehrenwerten Gäste von einem Mitglied der Familie Wagner empfangen und begrüßt. Kein anderes Musiktheater-Ereignis in Deutschland zieht eine derartige Aufmerksamkeit auf sich, und keines ist derart traditionsreich. Deutschland, das in der Geschichte des 20. Jahrhunderts mehrere Brüche erfahren hat, erlebt hier ein einmaliges Beispiel an Kontinuität.

Wagner machte mit seinem Theaterprojekt ein kleines fränkisches Provinzstädtchen zu einem Mittelpunkt der musikalischen Welt und für Musikfreunde aller Herren Länder zu einem Begriff. Die Reichen und Schönen ebenso wie die Spitze der europäischen und nordamerikanischen Intelligenz und Kultur kamen nach Bayreuth, um die Werke Richard Wagners in seinem eigens dafür entworfenen Theater zu erleben. Bis heute ist es der Traum vieler Musikfreunde aus aller Welt, einmal eine Aufführung im Festspielhaus zu besuchen. Die jahrelange Wartezeit für Karten spricht für sich.

Ebenso spannend wie Wagners Werke und seine Person ist die Geschichte seiner Nachkommen: Intrigen, innerfamiliäre Kämpfe, die mal einer griechischen Tragödie, mal einer Provinzposse ähneln, und die Nähe zur Macht machen die Geschichte der Familie Wagner zu einem der spannendsten Kapitel der bayerischen und deutschen Geschichte: Wenn es so etwas wie deutsche »Royals« gibt, dann sind dies die Wagners. In der Geschichte dieser Familie spiegelt sich die deutsche Geschichte des 19. und 20. Jahrhunderts wider. Nicht zuletzt Adolf Hitlers Wagner-Begeisterung wirft für manche bis heute einen Schatten auf die Festspiele. Doch trotz aller Verwicklungen haben sich die Wagners als Hüter des Grünen Hügels erfolgreich behauptet und die Theaterutopie des genialen Stammvaters bis auf den heutigen Tag bewahrt. Peter Tschaikowsky, der von den ersten Festspielen berichtete, sollte recht behalten: »Sicher ist nur, dass sich in Bayreuth etwas vollzogen hat, woran sich noch unsere Enkel und Urenkel erinnern werden.«

Über Richard Wagner und seine Familie gibt es zahlreiche Veröffentlichungen. Anspruch dieses Bändchens ist es, eine knappe und kurzweilige Geschichte der Familie Wagner zu erzählen. So wie sich um einen anderen großen Komponisten ein verniedlichender Mantel aus Mozartkugeln gelegt hat, gilt es auch bei Wagner das eine oder andere Vorurteil zurechtzurücken, darüber hinaus Entwicklungslinien und Brüche in der Geschichte seiner Nachkommenschaft aufzuzeigen und schließlich ein Gesamtbild von der Mitte des 19. Jahrhunderts bis heute zu skizzieren.

1 Richard Wagner – Ein Komponist baut sich sein Theater

WAGNERS FRÜHE JAHRE

Richard Wagner war nicht nur Komponist, sondern auch Dichter, Publizist, Regisseur, Dirigent, Bühnenbildner – kurz: Theatermensch mit Leib und Seele. Er wurde 1813 zur Zeit der deutschen Befreiungskriege gegen Napoleon geboren. Seinen Vater lernte er nie kennen, da dieser im gleichen Jahr verstarb. Seine Mutter heiratete darauf den Schauspieler Ludwig Geyer. Immer wieder gab es Spekulationen, dass Geyer Wagners eigentlicher Vater und womöglich jüdischer Herkunft gewesen sei, doch ist dies inzwischen widerlegt.

Der junge Richard kam früh mit dem Theater in Berührung und fasste den Entschluss, Musiker zu werden. Erste Stationen führten ihn nach Würzburg und dann in das sächsische Bad Lauchstädt. Dort lernte er seine erste Frau kennen, die Schauspielerin Minna Planer, die er am 24. November 1836 in Königsberg heiratete. Wagner wurde Kapellmeister am Rigaer Staatstheater, doch hielt es ihn nicht in der Provinz: 1839 ging er nach Paris, um im damaligen Herzen der europäischen Kultur seinen Erfolg als Komponist zu suchen. Dieser Versuch scheiterte kläglich. Der schnelllebige Theaterbetrieb der französischen Hauptstadt und seine fehlende Weltgewandtheit und Sprachkenntnisse bescherten ihm keinen Erfolg auf dem Pariser Parkett. Selbst die Empfehlungen von Giacomo Meyerbeer – damals der erfolgreichste Opernkomponist und heute weitgehend vergessen – halfen ihm nicht weiter. Wagner hielt sich mit kleinen schriftstellerischen Arbeiten über Wasser. Der Erfolg stellte sich schließlich in Dresden ein: 1842 kam dort seine Oper *Rienzi, der letzte der Tribunen* zur Aufführung, nachdem sie in Paris abgelehnt worden war. Diese »große tragische Oper« war ein glänzender Erfolg, Wagner wurde über Nacht berühmt. Er bekam eine Stelle als königlicher sächsischer Kapellmeister in Dresden und war aller finanzieller Sorgen ledig. Er hätte sich ins gemachte Bett legen können, doch wie zuvor schon die Pariser Umstände erregte auch der Dresdener Theaterbetrieb sein tiefes Missfallen. Wagner hatte größere Pläne. 1844 wurden der *Fliegende Holländer* in Berlin aufgeführt und *Tannhäuser* in Angriff genommen. Wagner entfernte sich vom populären Stil des *Rienzi*, der sich an der damals beliebten, üppigen Grand opéra orientiert hatte, und entwickelte seine eigene Musiksprache. Die konzeptionelle Grundlage für seine meisten Werke wurde bereits vor 1848 gelegt.

DIE REVOLUTION VON 1848/49 UND DER GANG INS EXIL

1848 endete endgültig die Epoche der Restauration, während der die europäischen Fürsten versuchten, den Zustand vor der Umwälzung durch die Französische Revolution und Napoleon wieder zu errichten. Der aufgestaute Missmut nicht nur des Bürgertums entlud sich in Revolutionen von Paris bis Wien. Wagner, der sich zunächst einer künstlerischen Revolution verschrieben hatte, stürzte sich nun voller Begeisterung auch in die politische. Er verfolgte Ziele, die nicht immer miteinander vereinbar schienen, doch war er das, was man heute politisch links nennen würde. Während des Aufstandes in Dresden war er Truppenbeobachter, arbeitete mit dem Anarchisten Bakunin zusammen und bastelte womöglich Handgranaten. Mit anderen Worten: Er tat alles, um auf der Fahndungsliste zu landen. Die deutschen Fürsten schlugen die Revolution nieder, die Demokraten und Kritiker des bestehenden Systems verstummten oder mussten fliehen. Mit der Hilfe Franz Liszts, seinem allerfrühesten Förderer, den Wagner 1840 in Paris kennengelernt hatte, konnte er in die Schweiz nach Zürich fliehen. Seine Frau Minna stieß schnell zu ihrem Mann.

Er machte sich an die theoretische Unterfütterung seiner künstlerischen Pläne. In rascher Folge entstanden seine Schriften *Das Kunstwerk der Zukunft*, *Kunst und Revolution* und sein theoretisches Hauptwerk *Oper und Drama*. Darin entwirft er sein Programm: Er grenzt sich heftig gegen den modernen Theaterbetrieb ab, den er als nur vom Gewinnstreben und geistloser Unterhaltung geprägt sieht. Standesschranken und soziale Unterschiede sollten aufgehoben werden, die Kunst sollte zum Leitprinzip des Zusammenlebens avancieren und eine neue, bessere, radikal demokratische Gesellschaft ermöglichen. Der Staat in seiner modernen Form ist für Wagner Synonym für Machtbesessenheit, Korruption und Gewalt. Ebenso lehnt er institutionalisierte Religion ab, weil diese den Staat stütze. Die Kunst aber möge eine neue Gesellschaft hervorbringen: »Das Unbewußte der menschlichen Natur in der Gesellschaft zum Bewußtsein bringen, und in diesem Bewußtsein nichts anderes zu wissen als eben die allen Gliedern der Gesellschaft gemeinsame Notwendigkeit der freien Selbstbestimmung des Individuums, heißt aber soviel, als – den Staat vernichten«, heißt es in *Oper und Drama*. Wagner wollte also nicht nur Musikdramen schreiben, sondern durch sie die Gesellschaft verändern. Mit dem Begriff »Musikdrama«, den er für seine Werke wählte, wollte er sich ganz bewusst gegen die bisherige Oper abgrenzen.

Wagners Antisemitismus

Ebenfalls in Zürich entstand 1850 seine berüchtigte Schrift *Das Judentum in der Musik*, die er 1869 erneut veröffentlichte. Darin färbt Wagner seine Ästhetik nachhaltig antisemitisch ein; er stellt die These auf, dass Juden, die als eigenes Volk im Volke lebten, nicht kunstschöpferisch tätig sein könnten. Wagners Kunstbegriff war an die romantische Idee eines Volkscharakters gebunden. Juden könnten demnach beispielsweise keine »deutsche« Musik schaffen, sondern diese nur nachahmen, da sie keine Deutschen seien. Außerdem sah er in den Juden die exponiertesten Vertreter sämtlicher negativer Auswüchse der damaligen Zeit: schrankenloser Kapitalismus, Ausbeutung der Arbeiter, Macht- und Gewinnstreben.

Zwar kannte Wagner 1850 den Begriff der Rasse noch nicht, aber sein Volksbegriff trägt bereits rassistische Züge, wenn er einen unabänderlichen, von Religion und Geschichte unabhängigen Wesenskern der Juden ausmacht.

Die erneute Veröffentlichung seines Pamphlets am Ende der 1860er-Jahre, als die Judenemanzipation in Deutschland vor dem Abschluss stand, zeigt seinen Fanatismus. Neid auf die erfolgreichen jüdischen Kollegen Meyerbeer und Mendelssohn spielte als Motiv ebenso eine Rolle wie Wagners Lust am Unruhestiften – er brauchte stets einen Gegner, an dem er sich reiben konnte, um künstlerisch produktiv zu sein. Andererseits war sein Antisemitismus nicht lebensbestimmend und nicht unverrückbar. Die Juden seien nicht Ursache des allgemeinen Verfalls, die Deutschen aber »scheinen nicht übel Lust zu haben, den Juden lediglich die Schuld hiervon beizumessen. Allerdings sind diese darin Virtuosen, worin wir Stümper sind«, schrieb er 1881. Zeit seines Lebens war Wagner mit Juden befreundet. Er distanzierte sich vom organisierten und sich gegen Ende des 19. Jahrhunderts mehr und mehr verschärfenden Rasseantisemitismus, der von einer Genesung des Volkskörpers durch die Ausschaltung, ja Aussonderung der Juden schwadronierte. Wagners hochambitioniertes – Kritiker meinen: übersteigertes – Kunstprojekt zielte auf nichts geringeres als auf die Erlösung der gesamten Menschheit. Nicht eine rassische »Reinigung«, sondern eine künstlerisch-politische und, gegen Ende seines Lebens, eine individuell-geistige Revolution schwebt Wagner vor. Diese schloss auch die Juden nicht aus. Allerdings bleibt die Frage offen, wie die Juden denn ihre angeblich naturgegebenen negativen Eigenschaften als Inkarnation des modernen »Ungeists« ablegen sollten, »wenn sie das Erlösungstheater des Herrn Wagner betreten« (Jens Malte Fischer). Es fällt schwer, eine Bilanz der verstreuten und oft widersprüchlichen antisemitischen Äußerungen Wagners zu ziehen. Er war zweifellos zeit seines Lebens ein heftiger Antisemit. Wer jedoch eine Linie von Wagners Antisemitismus direkt in die Vernichtungslager der Nazis zieht, überzeichnet die Kontinuitäten.

An eine Aufführung seiner Werke war von Zürich aus zunächst nicht zu denken. Auch ein zweiter Anlauf in Paris 1850 brachte – abgesehen von einer außerehelichen Affäre – keinen Ertrag. Wieder zog er sich in die Schweiz zurück; in Zürich konnte er dank seiner reichen Unterstützer künstlerisch und schriftstellerisch arbeiten. Hier verliebte er sich in die reiche Händlergattin Mathilde Wesendonck, die ihn nicht nur zur Komposition der gleichnamigen *Wesendonck-Lieder* inspirierte, sondern die Verbindung führte auch zur Dichtung von *Tristan und Isolde*.

Seit dieser Zeit trug er sich mit Plänen für ein eigenes Festspiel. An einen Freund schreibt er über die Aufführung des *Siegfried*, des Kernstückes des späteren *Ring des Nibelungen*: »Dann würde ich nämlich hier, wo ich gerade bin, nach meinem Plane aus Brettern ein Theater errichten lassen, die geeignetsten Sänger dazu mir kommen und alles Nötige für diesen einen so besonderen Fall mir so herstellen lassen, dass ich einer vortrefflichen Aufführung der Oper gewiss sein könnte. Dann würde ich überall hin an diejenigen, die für meine Werke sich interessieren, Einladungen ausschreiben, für eine tüchtige Besetzung der Zuschauerräume sorgen und – natürlich gratis – drei Vorstellungen in einer Woche hintereinander geben, worauf dann das Theater abgebrochen wird und die Sache ihr Ende hat.«

Wagner wurde immer berühmter, er korrespondierte mit Musikern und Künstlern aus ganz Europa. Er erhielt Besuch von Franz Liszt, arbeitete an der Komposition von *Tristan und Isolde* und begann sein Hauptwerk, den *Ring des Nibelungen*. Seine wahrscheinlich nur platonische Beziehung zu Mathilde Wesendonck flog auf und vergiftete die Ehe mit seiner Frau Minna weiter.

MÜNCHNER VERWICKLUNGEN

Trotz dieser regen Tätigkeiten und seiner wachsenden Bekanntheit drohte Wagners Leben in eine Sackgasse zu münden. Wegen seines verschwenderischen Lebensstils war er stets in Geldnot. In dieser Situation startete er einen erneuten Angriff auf die Kulturhauptstadt der damaligen Zeit: 1859 übersiedelte er ein weiteres Mal nach Paris. Es wurde sogar seine Oper *Tannhäuser* auf Befehl Napoleons III. aufgeführt, doch blieb der Erfolg wiederum aus. Von dort reiste er, nach einer Teilamnestie und Wiedereinreise-Erlaubnis, weiter nach Biebrich am Rhein. Er vagabundierte durch Europa, zog nach Wien, Konzertreisen führten ihn bis nach Moskau. 1862 trennte er sich endgültig von seiner Frau Minna. 1863 musste er vor seinen Gläubigern aus Wien fliehen. Nur noch ein Wunder konnte ihn retten. Und das Wunder geschah: Nach seiner Krönung sandte der junge König Ludwig II. von Bayern einen Boten aus, um sein verehrtes Idol nach München zu holen.

Die Freundschaft zwischen Wagner und Ludwig war entscheidend für die Musikgeschichte. Ohne den König wären die *Meistersinger* und der *Ring des Nibelungen* vielleicht nicht vollendet, *Parsifal* wahrscheinlich nie geschrieben worden – und die Bayreuther Festspiele gäbe es nicht.

Wagner schätzte den jungen König: »Er ist leider so schön und geistvoll, seelenvoll und herrlich, dass ich fürchte, sein Leben müsse wie ein flüchtiger Göttertraum in dieser gemeinen Welt zerrinnen.« Anfangs bildete sich eine enge Freundschaft, umflort mit an Verklärung grenzenden Elogen zwischen dem königlichen »Erlöser« und dem »besten Lehrer und Erzieher«. Gleichzeitig war Wagner stets darauf bedacht, sich seinen Vorteil zu sichern. An seinen Freund, den Dirigenten Hans von Bülow, schrieb er: »Jetzt ist mein Glück und meine Macht so gross, dass ich nur besorgt bin, mir nicht den Vorwurf des Missbrauches zuzuziehen. Deswegen auch meine Vorsicht, in Bezug auf Wohlthaten nichts zu fordern, sondern nur anzunehmen. Das Aufsehen u. der Neid ist so gross, dass wir uns genöthigt sahen, das Jahresgehalt, das mir der König aus freien Stücken aussetzt, winzig klein anzugeben. Bleib Du auch gegen die Welt und die Meinige hierbei: Dir aber sage ich, dass ich für Alles reichlichst versehen bin, um daher alle meine Nebeneinnahmen nur zur Bezahlung – aber auch aller – meiner Schulden zu verwenden.«

Hans von Bülow war nicht nur ein Freund und Förderer der Musik Wagners, sondern seit 1857 auch der Mann von Cosima, der Tochter Franz Liszts – und späteren Gattin Wagners. 1853 trafen sich Cosima und Wagner das erste Mal; sie war damals 15 Jahre alt. 1863 kam es zu einer erneuten Begegnung in Berlin, wo sie sich in einer romantischen Aufwallung gegenseitig Liebe schworen. Wagner war einem amourösen Abenteuer nie abgeneigt, und Cosima sah darin vielleicht die Chance, ihrem unglücklichen Leben den Glanz großer Gefühle zu verleihen. Sie hatte eine triste Kindheit als uneheliches Kind des Klaviervirtousen Franz Listzs und der französischen Schriftstellerin Marie D'Agoult verlebt. Cosima sah den Vater kaum, der stets auf Reisen war. Sie wuchs zunächst bei der Mutter Liszts auf, 1846 wurde sie der Obhut eines vornehmen Pensionats in Paris überstellt. Als Liszt 1847 eine Liaison mit der russischen Fürstin Carolyne von Sayn-Wittgenstein begann, wurde er strenger und entzog sie der Aufsicht seiner Mutter. Stattdessen wurden Cosima und ihre Schwester der ehemaligen Erzieherin Carolynes anvertraut: Es begann eine autoritäre, dem Geiste des Ancien Régime verpflichtete Erziehung der Liszt-Mädchen, wie Cosimas Biograf Oliver Hilmes schreibt: »Mademoiselle Liszt entwickelte eine nahezu freudige Neigung zum Leiden, die mit demutsvoller Opferbereitschaft in Verbindung mit Stolz und absoluter Selbstbeherrschung einher ging. Diese Charaktereigenschaften hatten aber auch etwas Fassadenhaftes – ein winziger Schritt, und man produzierte Leidensschauspielerei, affektierte Ergriffenheit und plakative Gesten.«

Später schickte Franz Liszt die beiden Mädchen zur Mutter seines Lieblingsschülers Hans von Bülow. Hans – sensibel, reizbar und gelegentlich zynisch – war von der Musikalität Cosimas beeindruckt. Schon bei der Verlobung der beiden hatte Wagners Musik – wenn auch nicht er selbst – die Finger im Spiel: Nach einem Konzert, im Rahmen dessen auch Wagners *Tannhäuser*-Ouvertüre gegeben wurde, erlitt Hans von Büolw wegen des hohen Drucks und der ablehnenden Haltung des Publikums einen Nervenzusammenbruch; Cosima kümmerte sich um ihn. In dieser Nacht kam es zur Verlobung. Anfangs beäugten sowohl Frau von Bülow als auch Liszt das Verhältnis misstrauisch, doch im April 1856 hielt Hans beim Vater um die Hand der Tochter an: »Cosima Liszt überragt für

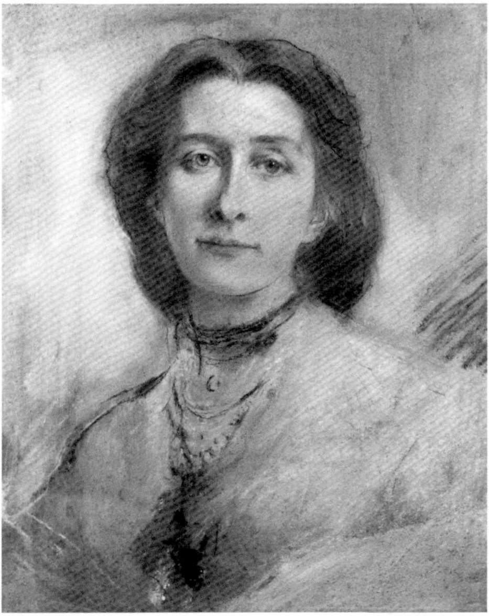

Cosima Wagner. – Portrait von Franz von Lenbach, 1870.

mich nicht nur als Trägerin Ihres Namens alle Frauen, sondern auch, weil sie Ihnen so gleicht, weil sie durch so viele Eigenschaften ein treuer Spiegel Ihrer Persönlichkeit ist.« Dies klingt eher wie eine Liebeserklärung an den Vater als an die Tochter; und so stand die Ehe auch wie Cosimas bisheriges Leben unter keinem guten Stern. Sie wollte dem »armen Hans« beistehen, entwickelte eine Art Helfer-Syndrom für den übernervösen Musiker. Ironischerweise führte die Hochzeitsreise des Paares unter anderem zu Richard Wagner in die Schweiz, wo er mit seiner Frau Minna wohnte und gleichzeitig für Mathilde Wesendonck schwärmte. Mit Bülow hatte Cosima zwei Kinder.

Wagner erhielt von Ludwig zunächst ein Haus am Starnberger See und ein festes Jahresgehalt. Hier besuchte ihn auch Cosima von Bülow. Jetzt verfestigte sich das Verhältnis, der Bund fürs Leben wurde geplant. Und hier geschah es wohl, dass »Frau Cosima sich ... an Richard Wagner hingegeben hat«, wie Wagners damalige Haushälterin Anna Mrazek 1914 zu Protokoll gab. »Im allgemeinen konnte man damals in Starnberg unschwer merken, daß zwischen Frau Cosima und Richard Wagner sich etwas angesponnen habe. Die beiden waren immer beisammen, gingen Arm in Arm im Park spazieren.« Neun Monate später kam Isolde zur Welt, welche offiziell als Kind Bülows galt. Dieser dirigierte am Geburtstag seiner vermeintlichen Tochter die erste Orchesterprobe von *Tristan und Isolde* in München. Wagner übernahm die Patenschaft. Hans von Bülow scheint von der Affäre seiner Frau nichts mitbekommen oder diese gekonnt ignoriert zu haben. Zunehmend verkam ihre Ehe, in der Cosima auch körperliche Gewalt nicht erspart blieb. Eine fatale Dreiecksbeziehung begann. Für Wagner ging es auch darum, den Freund und begabten Dirigenten nicht zu verlieren. Hans von Bülow war dem künstlerischen Genie Wagners erlegen – er fühlte sich in der Auseinandersetzung mit Wagners Werken künstlerisch impotent und gab das eigene Komponieren auf. Wie das Charisma Wagners andere künstlerisch begabte Menschen entwaffnen konnte, erklärt der Komponist Peter Cornelius 1865 in einem Brief so: »Alle haben kein produzierendes Talent, sie bringen nichts aus der Tiefe des Herzens ans Licht. Deswegen sagen sie zu Wagner so unbedingt blindlings Ja.«

Im Oktober 1864 zog Wagner vom Starnberger See in die mondäne Münchener Brienner Straße 21 und erhielt vom bayerischen König den offiziellen Auftrag, seinen *Ring des Nibelungen* fertig zu komponieren. Seinem Geschmack entsprechend, verwandelte Wagner die vom König zur Verfügung gestellte Villa in eine luxuriöse Residenz. Das Verhältnis mit Cosima dauerte an. Sie nahm zunehmend die Rolle einer selbsternannten Privatsekretärin des Komponisten ein. Hier hatte sie endlich ein Genie gefunden, dem sie rückhaltlos dienen konnte. Peter Cornelius berichtete: »Seitdem ist Wagner gänzlich und unbedingt unter ihrem Einfluß. Man kann ihn nicht mehr allein sprechen, es kommt kein Brief mehr an ihn, den sie nicht erbricht und ihm vorliest.« Wagner schätzte Bülow als Musiker nach wie vor außerordentlich: Er vermittelte seinem Freund einen Posten als »Vorspieler des Königs« und holte sich somit auch seine Geliebte fest nach München. Unter der Leitung Bülows fand im Juni 1865 die triumphale Uraufführung von *Tristan und Isolde* am Münchner Hoftheater statt. Ludwig wollte seinem geliebten Komponisten ein Festspielhaus in München schaffen, der Architekt Gottfried Semper wurde damit beauftragt. Allerdings kam das Projekt nicht über die Planungsphase hinaus, Wagner bevorzugte eine »Bretterbude« für sein Theaterprojekt und keinen steinernen Prachtbau, und auch die Münchner Bevölkerung zeigte sich ablehnend. Sempers Pläne sollten jedoch später teilweise in die Konzeption des Bayreuther Festspielhauses mit einfließen.

Doch Wagners Tage in München waren ohnehin bald gezählt. Wollte man es spöttisch formulieren, dann bestanden Münchens wichtigste Beiträge zur Musikgeschichte darin, die Bewerbung Mozarts um eine feste Anstellung abgelehnt und Wagner vertrieben zu haben. Freilich war dieser selbst nicht unschuldig daran. Sein Hang zum Luxus und der Eindruck, den König auszunehmen, sorgten zunehmend für Verärgerung bei der Münchener Bevölkerung und den Hofbeamten. Wagner scheint die Lage verkannt zu haben und hielt sich dank der Freundschaft des Königs für unangreifbar: »Schenken Sie königlich, und überlassen Sie es meinem Gewissen, wie ich dereinst dieses königliche Vertrauen erwidere!«, schrieb Wagner an Ludwig. Er wurde in Anspielung Lola Montez – mit der Ludwigs Großvater, Ludwig I., eine Affäre hatte – schon »Lolus« genannt. Die Öffentlichkeit erregte sich vor allem über die finanziellen Aufwendungen des Königs für den Komponisten. Allerdings betrugen diese gerade einmal 563 000 Mark – Ludwigs Schlösser kosteten 35 Millionen, und das Schlafzimmer in Herrenchiemsee, einmal benutzt, verschlang mit 652 000 Mark mehr als der ganze Wagner-Aufwand. Zudem waren die Zuwendungen Kredite und wurden im Laufe der Jahre von der Familie zurückgezahlt. Finanzen waren somit auch nicht der Grund für Wagners Demission aus München; er erregte vielmehr den Unmut des bayerischen

Kabinetts, das einen übermäßigen Einfluss des Ex-Revoluzzers auf den König fürchtete. Das Fass brachte Wagner zum Überlaufen, als er vom König die Entlassung des Kabinettssekretärs und des Ministerpräsidenten Ludwig von der Pfordten forderte. Die Lage verschärfte sich, der Ministerpräsident schrieb an Ludwig: »Eure Majestät stehen an einem verhängnisvollen Scheidewege und haben zu wählen zwischen der Liebe und Verehrung Ihres treuen Volkes und der Freundschaft Richard Wagners.« Das gesamte Kabinett drohte mit Rücktritt. Seine Majestät wählten: Am 6. Dezember 1865 wurde Wagner aufgefordert, Bayern zu verlassen.

Wiederum begab sich dieser in die Schweiz, diesmal in die Nähe von Genf. Unruhig reiste er weiter, gesichert durch finanzielle Unterstützung des Königs. Am 20. Januar verstarb seine Noch-Ehefrau Minna. Die Nachricht erreichte ihn zu spät, als dass er ihr die letzte Ehre hätte erweisen können.

Schließlich mietete Wagner ein Haus in Tribschen bei Luzern, am 15. April 1865 zog er ein. Knapp einen Monat später stieß Cosima mit ihren drei Töchtern zu ihm. Als sie Wagner mit Kind und Kegel in die Schweiz folgte, wurde endgültig offensichtlich, dass die beiden ein ehebrecherisches Verhältnis hatten. Gerüchte hatte es bereits vorher gegeben. Auch Ludwig II. besuchte ihn inkognito in der Schweiz, um am 22. Mai den Geburtstag des Komponisten zu feiern, was bei Bayerns Politikern und der Bevölkerung Münchens für beträchtlichen Unmut sorgte, als es publik wurde.

Hans von Bülow besuchte das Paar ebenfalls. Die Ehe der Bülows lag in den letzten Zügen, doch Cosima folgte zunächst ihrem Gatten erneut nach München, um den Schein zu wahren. Im September 1866 zog sie zurück nach Tribschen, um von da an mit Wagner in wilder Ehe zu leben. Nach außen nahm sie die Rolle seiner Privatsekretärin ein. Am 17. Februar 1867 wurde Richards und Cosimas zweite gemeinsame Tochter Eva geboren.

Besuch erhielten die beiden auch von Friedrich Nietzsche, den Wagner im Herbst 1868 in Leipzig in der Wohnung seines Schwagers kennengelernt hatte.

Wagner und Nietzsche

Dem ersten Besuch Nietzsches in Tribschen folgten 22 weitere. Der junge Philosoph, seit kurzem Professor in Basel, traf auf den älteren Komponisten und verfiel seiner Musik derart, dass er sich nie wieder davon lösen können sollte. »Jeder Nerv zuckt an mir«, schrieb Nietzsche über das Vorspiel der *Meistersinger* und das des *Tristan*. Die Freundschaft dauerte acht Jahre, war für Wagner nur eine Episode, doch für Nietzsche lebensbestimmend. Am 2. November 1876 sahen die Wagners Nietzsche zum letzten Mal. Er stieß zu ihnen, als sie nach den ersten Festspielen eine Erholungsreise nach Sorrent unternahmen. Nietzsche besuchte die Veranstaltung bereits mit gemischten Gefühlen: Er war schwer krank, musste seinen Aufenthalt unterbrechen und stieß, als er wiederkam, im Publikum auf aristokratisches und bürgerliches Establishment, das es sich im neu gegründeten Reich Bismarcks gemütlich machte und dabei am liebsten Wagner hörte. Die erhoffte *Geburt der Tragödie aus dem Geist der Musik* – so der Titel eines der bekanntesten Werke Nietzsches – wurde für ihn zu einer Fehlgeburt. »Man hatte Wagner ins Deutsche übersetzt! Der Wagnerianer war Herr über Wagner geworden! – Die deutsche Kunst! der deutsche Meister! das deutsche Bier! ... Der arme Wagner! Wohin war er gerathen! – Wäre er wenigstens unter die Säue gefahren! Aber unter Deutsche!«, schrieb er Jahre später. Antisemitismus und Deutschtümelei hatten den Philosophen stets abgestoßen. Die Kunst hatte den Wirklichkeitstest nicht bestanden, ab 1878 entfernte er sich definitiv von Wagner und wurde zum Kritiker und Spötter über die sich breitmachende Wagner-Manie. Zum Bruch kam es dann über *Parsifal*, den Nietzsche als »Kniefall vor dem Kreuz« sah. Er liebte Wagner noch immer, aber die Trennung war unvermeidlich. Nietzsche ertrug die Fesseln nicht mehr, die er sich angelegt hatte.

Für Wagner, den Egomanen und produktiven Künstler, war Nietzsche ein – wenn auch besonders gebildeter und verständiger – Jünger unter vielen. Er verließ später einfach das Zimmer, wenn das Gespräch auf Nietzsche kam. Für Letzteren dagegen war Wagner ein Abgott, so dass die Trennung auch befreiend wirken konnte. Selbst seine schärfste Kritik ist immer als umgekehrtes Loblied zu lesen. »Von Nietzsches Erkenntnisschärfe haben hundert Jahre Wagner-Kritik gezehrt«, heißt es bei Martin Gregor-Dellin zu Recht. Bis der Philosoph 1889 in geistige Umnachtung fiel, sollte er sich immer wieder an Wagner abarbeiten. »Das, worin wir verwandt sind, dass wir tiefer gelitten haben, auch aneinander, als Menschen dieses Jahrhunderts zu leiden vermöchten, wird unsre Namen ewig wieder zusammenbringen, und so gewiss Wagner unter Deutschen bloß ein Missverständnis ist, so gewiss bin ich's und werde es immer sein«, schreibt Nietzsche in *Ecce Homo* kurz vor seinem Tod. Nach endgültigem Bruch und unverhohlener Feindschaft klingt das nicht.

Am 6. Juni 1869 wurde Cosima und Wagners drittes Kind, der Stammhalter Siegfried, geboren. Ludwig II. übernahm die Patenschaft und blieb dem Komponisten weiterhin gewogen, auch wenn er hin und wieder auf sein Recht pochte und 1869 und 1870 die Uraufführungen von *Rheingold* und *Walküre* in München durchsetzte; Wagner hätte es vorgezogen, seinen *Ring* erst als ganzes aufzuführen. Cosima bat um die Scheidung von Hans, der gleich zustimmte. Die Ehe wurde endgültig am 18. Juli 1870 geschieden – einen Tag vor der französischen Kriegserklärung an Preußen. Während des Krieges heiratete Cosima Richard Wagner an einem anderen bedeutungsvollen Tag, dem 25. August 1870, Ludwigs II. Geburtstag, in Luzern. Nach all den Höhen und Tiefen, die für mehrere Menschenleben gereicht hätten, hatte Richard Wagner sich endlich die familiäre Idylle geschaffen, von der er träumte und die er zur Arbeit notwendig hatte. Mit einer ihm treu ergebenen Gattin, seinen Töchtern – er akzeptierte anstandslos Bülows Kinder als Teil seiner neuen Familie – und dem Stammhalter Siegfried

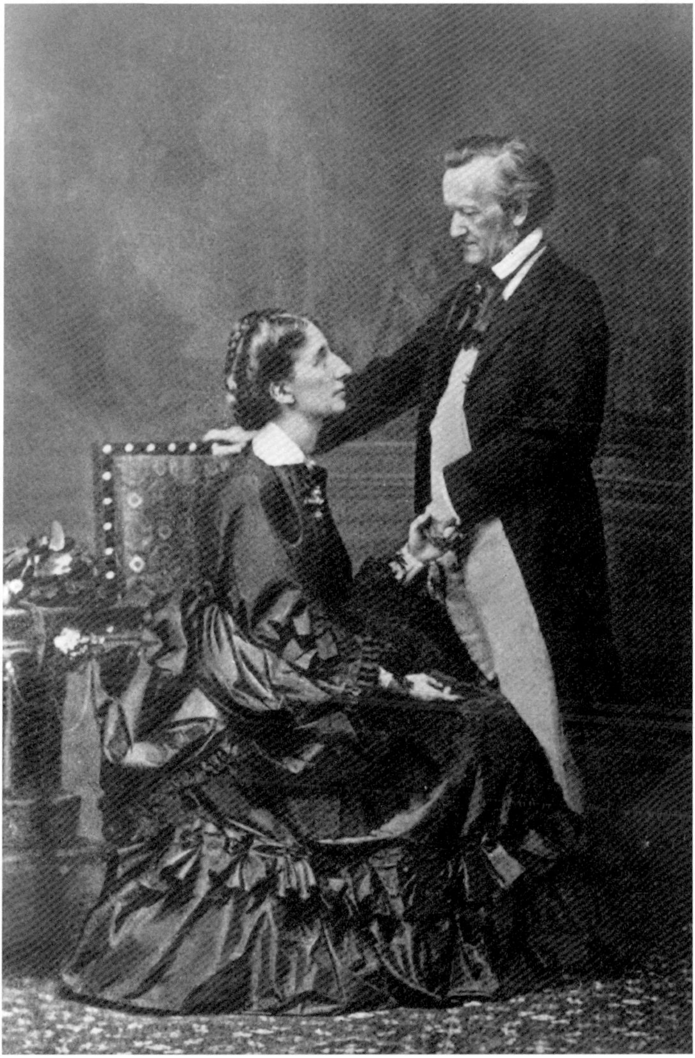

Richard Wagner und seine Gattin Cosima. – Fotografie, 1872.

verließ er das Tribschener Idyll, um sein seit 1850 anvisiertes Festspielprojekt voranzutreiben.

WAGNER IN BAYREUTH

Wagner besuchte Bayreuth das erste Mal im April 1871. Dank der Bautätigkeit der Markgräfin Wilhelmine, einer Schwester Friedrichs des Großen von Preußen und im 18. Jahrhundert Fürstin in Bayreuth, war der Ort ein reizvolles Städtchen mit damals 17 000 Einwohnern. Wagner interessierte sich anfangs für das Markgräfliche Opernhaus als Aufführungsort für seine Werke. Bald erkannte er jedoch, dass dieses barocke Schmuckkästchen für die Aufführung seiner Werke ungeeignet war. Wagner wollte schließlich das Gegenteil von höfischem Theater schaffen. Bayreuth hingegen gefiel dem Komponisten sehr. Die Stadt hatte kein stehendes Theater, welches in Konkurrenz zu Wagners Plänen treten konnte, es war keine Residenzstadt mehr und kein mondäner Kurort – satte Bürger und Aristokraten, wie sie Wagner hasste, gab es hier nicht – und lag zu guter Letzt im Machtbereich Ludwigs II. und doch weit genug weg von München. Auch die Stadtväter hatten Interesse daran, den berühmten Komponisten in ihren Ort zu holen. Im Februar 1872 erwarb Wagner die Grundstücke für sein Festspielhaus und seine Villa neben dem Hofgarten. Cosima kam Ende April, die Familie siedelte nach Bayreuth über. Am 22. Mai, Wagners 59. Geburtstag, erfolgte die Grundsteinlegung für das Festspielhaus.

Bayreuth: Von der Residenz- zur Festspielstadt

Bayreuth erhielt als Sitz der fränkischen Hohenzollern, die bereits 1260 das Stadtregiment übernahmen, im 15. Jahrhundert den Status einer Markgrafenstadt. Markgraf Christian verlegte 1603 die Residenz von Kulmbach nach Bayreuth. Die Stadt war protestantisch geprägt, sie hatte sich schon sehr früh der Reformation angeschlossen. Ihr goldenes Zeitalter begann, als Markgraf Friedrich 1731 Wilhelmine von Preußen, die Lieblingsschwester Friedrichs des Großen, heiratete. Beide machten

Bayreuth zu einem bedeutenden Rokoko-Hof mit Verbindungen in ganz Europa. Die rege Bautätigkeit prägt noch heute Stadt und Umland: 1735 erhielt Wilhelmine zum Geburtstag die umgestaltete Eremitage, ein barockes Schlösschen mit üppiger Parklandschaft – erst ein Schauplatz höfischer Feste, dann mehr und mehr Rückzugsort der Markgräfin. Das Glanzstück war allerdings das Markgräfliche Opernhaus, eines der wenigen heute noch original erhaltenen Barocktheater (seit Juni 2012 UNESCO-Welterbe), das schließlich auch Wagner nach Bayreuth locken sollte. Der Hofarchitekt Saint Pierre errichtete es von 1745 bis 1748, für die prächtige Innenausstattung sorgte der Theaterarchitekt Giuseppe Galli-Bibiena. Außerdem schuf Wilhelmine das Neue Schloss, einen intimen und dabei repräsentativen Bau des Spätrokoko. Allerdings war die Stadtkasse leer, als Markgraf Friedrich 1763 – fünf Jahre nach seiner Frau – verstarb. Nun regierte wieder die Sparsamkeit. Der kinderlose Fürst Alexander dankte 1792 ab; Bayreuth, das vorher bereits mit Ansbach vereinigt worden war, fiel an Preußen. Von dem Elan der preußischen Reformer um Fürst Hardenberg profitierte auch Bayreuth: 1801 wurde die Pockenimpfung eingeführt, die Industrie wurde modernisiert und »überflüssige« Feiertage abgeschafft. Bayreuth begann, sich in Preußen wohlzufühlen. Ein Besuch des preußischen Königspaares 1805 sorgte für große »Volksbeglückung«, wie der in Bayreuth ansässige Dichter Jean Paul – damals der bekannteste Sohn der Stadt – schrieb.
Nach der Niederlage Preußens gegen Napoleon wurde die Stadt von den Franzosen besetzt, am 28. Februar 1810 fiel sie schließlich an das damals mit Frankreich verbündete Bayern. Damit wurde das einst glänzende Kleinfürstentum zu einer Provinzstadt. Zwar war Bayreuth der Regierungssitz des Obermain-Kreises (ab 1837 Oberfranken), verpasste aber den Anschluss an das entstehende Eisenbahnnetz. Die Stadtväter waren klug genug, Richard Wagner nach Möglichkeiten in seinem Fest-

spielprojekt zu unterstützen, und so stieg Bayreuth als Festspielstadt wieder auf. 1872 reisten der Bürgermeister und der Bankier Friedrich Feustel nach Tribschen, um bei Wagner weiter für ihre Stadt zu werben. Der Besucheransturm der Festspiele war für die kleine Stadt eine Herausforderung. »Wir hatten unser Zimmer im Voraus bestellt, unser Zimmer ist sehr schön, aber mein Mittagessen habe ich mir am ersten Tag nur mit Mühe verschaffen können, und das gestrige Frühstück verdanke ich nur einem glücklichen Zufall«, berichtete Peter Tschaikowsky von den ersten Festspielen.
Wenig rühmlich ist Bayreuths Rolle vor und nach 1933: Nicht nur die Wagners, sondern große Teile der Bayreuther Bevölkerung erwiesen sich früh anfällig für die Völkischen; bei der Reichstagswahl 1930 erreichte die NSDAP bereits 38 % der Stimmen in Bayreuth. Hitlers »Machtergreifung« im Januar 1933 wurde von 10 000 Bayreuthern mit einem Fackelzug gefeiert. Im selben Jahr wurde Bayreuth Gauhauptstadt der neugeschaffenen Bayerischen Ostmark, die Oberfranken, die Oberpfalz und Niederbayern umfasste. Gigantische Umbaupläne während des Dritten Reiches wurden wegen des Krieges nicht umgesetzt. Im April 1945, kurz vor Kriegsende, zerstörten Bombenangriffe ein Drittel der Stadt.

Auch Nietzsche, damals noch ein enger Freund der Familie, war anwesend. Man versuchte, das Geld für den Bau des Festspielhauses durch den Verkauf von Patronatsscheinen und durch Wagners Konzerttätigkeit aufzubringen, doch bereits Anfang 1874 stand das Unternehmen vor dem Ruin. Schließlich lieferte Ludwig II. durch einen Kredit den endgültigen Schub für die Finanzierung: »Nein! Nein und wieder nein! So soll es nicht enden; es muss da geholfen werden! Es darf Unser Plan nicht scheitern«, schrieb Ludwig an Richard. Parallel dazu wurde im April 1874 Wagners Künstlervilla am Bayreuther Hofgarten fertig gestellt. »Hier wo mein Wähnen Frieden fand – Wahnfried – sei dieses Haus von mir benannt« ist auf der

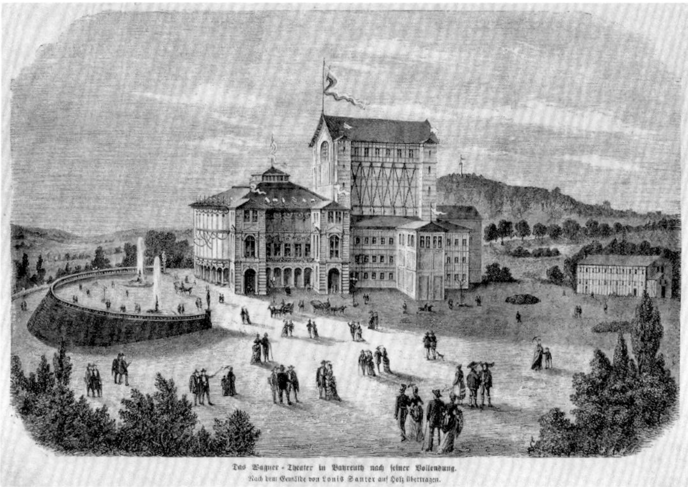

Das Festspielhaus in Bayreuth. – Holzstich nach einem Gemälde von Louis Santer in »Die Gartenlaube«, 1873.

Frontseite eingemeißelt. Mit der »Nibelungen-Kanzlei«, einer Gruppe freiwillig mitarbeitender Musiker, waren Wagners Truppen in Bayreuth komplett: Man konnte die ersten Festspiele in Angriff nehmen.

Am 3. Juli 1876 begannen die Proben. Wegen der prekären Finanzlage musste Eintritt verlangt werden, Wagners Plan eines kostenfreien Theaters für alle musste der Realität angepasst werden. Auch die gekrönten Häupter, die zur Eröffnung erschienen, hatten mit Wagners ursprünglicher radikaldemokratischer Vision wenig gemein: Bayreuth war mithin eine »Niederlage mit Siegesritual« (Hans Mayer). Neben Kaiser Wilhelm I. – der den Ausspruch getan haben soll »Nie hätte ich gedacht, dass Sie es schaffen« – und dem König von Württemberg erschien Kaiser Dom Pedro II. von Brasilien, außerdem allerhand Adelige aus Deutschland und Österreich-Ungarn. König Ludwig, der die Öffentlichkeit zunehmend mied, hatte in einer Nacht-und-Nebel-Aktion die Generalproben und den dritten Zyklus des Rings besucht. Daneben zog es auch viele Künstler nach Bayreuth: Franz Liszt, Camille Saint-Saëns,

Anton Bruckner und Peter Tschaikowsky, außerdem die Maler Franz von Lenbach, Adolph von Menzel, Anton von Werner und Hans Makart sowie Freunde wie die Wesendoncks oder Nietzsche. Das Treiben im Salon der Villa Wahnfried, wo Cosima Gesellschaften gab und Liszt Hof hielt, stieß Richard Wagner eher ab. Er widmete sich lieber seinem neuesten Schwarm: der nach Bayreuth gereisten Judith Gautier, der er in den folgenden Monaten mehrere Liebesbriefe schrieb. Der künstlerische Erfolg war durchaus durchwachsen: »R. erzählt, seine Hauptempfindung während der Aufführungen sei ›nie wieder, nie wieder‹ gewesen«, berichtet Cosima in ihrem Tagebuch. Das Loch, das die Festspiele in die Kasse gerissen hatten, konnte nur durch einen neuerlichen Kredit von König Ludwig gestopft werden. Nach den Anstrengungen und dem durchwachsenen Ergebnis unternahm die Familie erst einmal eine Ferienreise nach Italien.

LETZTE JAHRE UND TOD IN VENEDIG

1877 konnten keine Festspiele stattfinden, Wagners Stimmung verdüsterte sich zeitweilig und er trug sich sogar mit Plänen, nach Amerika auszuwandern. Gleichzeitig begann er mit der Arbeit an seinem letzten Werk *Parsifal*, das bis heute eine Sonderrolle unter den in Bayreuth aufgeführten Musikdramen einnimmt, da es speziell für die Akustik des Festspielhauses komponiert wurde. Wagners »Bühnenweihfestspiel« zelebriert Pazifismus und selbstlose Liebe. Mit dem Werk kniete der alternde Anarchist Wagner nicht vor dem Kreuz nieder, wie ihm Nietzsche vorwarf, sondern verband Schopenhauers Ethik des Mitleids mit christlicher Symbolik. Nachdem die Einheit im Kunstwerk gescheitert war, sollte das »wahre Christentum« diese verbürgen – im Mitleid wäre die Menschheit somit eins.

Wagner und Ludwig sahen sich zuletzt in München 1880; der Komponist dirigierte für den König zweimal das *Parsifal*-Vorspiel. Als der König anschließend das Lohengrin-Vorspiel zum Vergleich hören wollte, verließ Wagner erbost das Hoftheater.

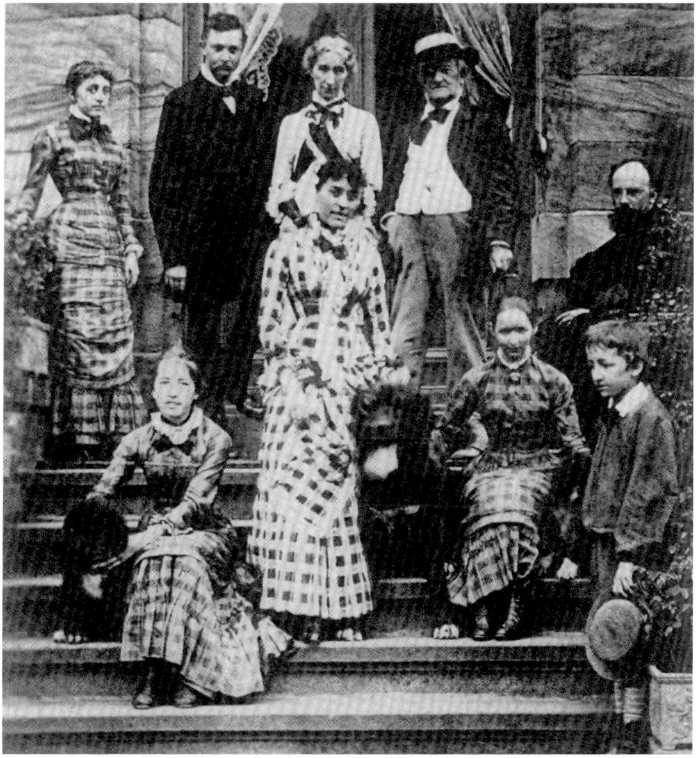

Richard Wagner und seine Familie auf der Treppe der Villa Wahnfried. – Fotografie, 1881.

1880 kündigte Wagner auch die zweiten Festspiele für 1882 an; es sollte ausschließlich *Parsifal* gegeben werden. Ludwig II. verzichtete auf die Rechte an dem Stück, die er 1878 erworben hatte. Der Münchner Hofkapellmeister Hermann Levi war auf Wunsch des Königs der Dirigent der Uraufführung. Er war Jude, doch etwaige Einwände Wagners stießen bei Ludwig, der nie auch nur den geringsten Antisemitismus zeigte, auf Granit. Wagner selbst schrieb an Levi: »Verlieren Sie nichts von Ihrem Glauben, aber gewinnen Sie auch einen starken Mut dazu! Vielleicht – gibt's eine große Wendung für Ihr Leben – für alle Fälle aber – sind Sie mein Parsifal-Dirigent!«

Am 2. Juli 1882 begannen die Proben zu den zweiten Festspielen, es erschien bereits mit Richard Strauss und Gustav Mahler die nachfolgende Komponistengeneration zu den Generalproben. Am 26. Juli hob sich der Vorhang für die erste Aufführung des *Parsifal*. Bei der letzten Aufführung dirigierte Wagner unbemerkt vom Publikum die letzten Takte selbst, da Hermann Levi in der Stickigkeit des Orchestergrabens einen Schwächeanfall erlitten hatte. Das war das erste und letzte Mal, dass Wagner in Bayreuth selbst den Stab ergriff. Das Erlebnis der *Parsifal*-Aufführung beschrieb der junge Gustav Mahler so: »Als ich, keines Wortes fähig, aus dem Festspielhaus hinaustrat, da wusste ich, dass ich es unentweiht mit mir durch mein Leben tragen werde.« Die zweiten Festspiele waren ein voller Erfolg und endeten mit einem finanziellen Plus für die Familie.

Auch nach diesen Festspielen brach man im September 1882 zu einer Erholungsreise nach Venedig auf und residierte im Palazzo Vendramin Calergi. Wagners Gesundheitszustand hatte sich bereits ab 1879 verschlechtert. Zeit seines Lebens litt er wohl unter Allergien, einer regelmäßig auftretenden Entzündung der Haut im Gesicht und einer chronischen Erkrankung des Magen-Darm-Trakts. Hinzu kam ab 1881 eine Angina Pectoris. In Venedig wurden Gäste empfangen, darunter Hermann Levi und Franz Liszt, man musizierte und diskutierte. Am 13. Februar erlitt Wagner einen Herzanfall. Sohn Siegfried schreibt in seinen *Erinnerungen*: »Von den letzten Tagen im Leben meines Vaters ist mir ein Erlebnis mit meiner Mutter deutlich in der Erinnerung geblieben. Obwohl sie eine Meisterin des Klavierspiels war ... hatte ich sie nie spielen hören; ihre Tätigkeit im Dienste meines Vaters war so umfangreich, daß sie das Klavier ganz vernachlässigen musste. Am 13. Februar war es, ich saß im Salon und übte am Klavier. Da trat meine Mutter ein. Sie ging auf den Flügel zu und begann zu spielen. Auf meine Frage, was sie spiele, antwortete sie mir mit einem ganz entrückten Blicke: ›Schuberts Lob der Tränen‹. – Einige Minuten später brachte die Kammerjungfer die Nachricht, dass es schlecht um meinen Vater stünde. Nie vergessen werde ich, wie meine Mutter zur Tür hinausstürzte. Eine Gewalt leidenschaftlichsten Schmerzes drückte sich darin aus; dabei stieß sie sich so stark an dem halbgeöffneten Türflügel, dass dieser fast zerbrach. Wenn ich sie in späteren Jahren bei den Proben zu den Festspielen Rollen wie Kundry, Isolde, Sieglinde, Brünhilde darstellen sah, musste ich oft jenes Augenblicks in Venedig gedenken.«

Man fand Wagner zusammengesackt an seinem Schreibtisch, wo er gerade einen Aufsatz *Über das Weibliche im Menschen* schrieb. Die letzten Worte aus der Feder des Komponisten waren »Liebe – Tragik« – man hätte es nicht besser erfinden können. Gespenstische Szenen spielten sich ab: Cosima weigerte sich, vom Leichnam zu weichen und verbrachte die erste Nacht im Totenbett, schließlich musste man sie förmlich von dem Verstorbenen losreißen. Über Innsbruck und Kufstein wurde der Leichnam unter Anteilnahme der örtlichen Bevölkerung überführt. Am 17. November erreichte der Zug München, wo angeblich aus diesem Anlass der an einen Trauermarsch erinnernde zweite Satz aus Beethovens fünfter Symphonie gespielt wurde. Als man Bayreuth erreichte, war die Stadt in Trauer um ihren berühmtesten Bürger. Die Situation war finanziell und künstlerisch prekär: Wie sollte es mit den Festspielen weitergehen, die zu Wagners Tod nicht mehr als ein Experiment waren? Es schlug die Stunde Cosimas, die sich aus dem Schatten ihres Gatten löste und schnell zur Herrin des Hügels aufstieg.

2 Cosima Wagner – Die Hohe Frau

ÜBERNAHME UND SICHERUNG DER FESTSPIELE

Nach Wagners Tod erstarrte Cosima anfänglich in Trauer. Der Maler und Freund Paul von Joukowsky schrieb: »Da ihr sehnlichster Wunsch nicht in Erfüllung ging, mit ihm zu sterben, so wird sie wenigstens tot sein für alle Übrigen und das Leben führen, welches ihr einzig gemäß ist, das einer Nonne, welche ihren Kindern noch ein himmlischer, stündlicher Trost ist. Das ist groß und ganz wie alles, was sie getan.« Wie sollte er sich täuschen! Als ihr Mann starb, war Cosima knapp 46 Jahre alt. Sie war genau in der Mitte ihres Lebens angekommen.

Von nun an legte sie sich die Rolle als Witwe ihres Mannes zurecht: Wagners Sendung sollte in ihr fortleben, sie schmiedete das von Wagner hinterlassene Eisen und machte aus seinem Kunst-Experiment eine Institution, in deren Mittelpunkt sie selbst stand. »Mit der von ihr kultivierten Mischung aus Weltabgewandtheit, selbstloser Pietät und Demut schlüpfte die Witwe Cosima in die Rolle der ›Äbtissin‹ ihrer Gemeinde«, schreibt ihr Biograf Oliver Hilmes. Es war keineswegs abzusehen, dass aus einem Theater, in dem vor Wagners Tod nur zwei Festspiele stattgefunden hatten, eine Festspieltradition bis ins 21. Jahrhundert werden sollte. Dass es dazu kam, war Cosimas Verdienst. Nicht wenige rechneten damit, dass Wagners Witwe mit dessen Tod in der Versenkung verschwinden werde. Schließlich gab es keine Anweisung Wagners, wie nach seinem Tode zu verfahren sei. Hyperwagnerianern war die geborene Französin Cosima zudem nicht teutonisch genug. Doch Planspiele für eine Übernahme der Festspiele durch Liszt oder Bülow entbehrten jeglicher Grundlage.

Die Festspiele 1883 waren noch von Richard organisiert worden und fanden plangemäß statt. Im Stillen bereitete Cosima eine Übernahme vor, agierte jedoch anfangs bedeckt. Die Festspiele 1884 waren eine Kopie derer von 1883. Während der Proben im Jahr 1884 saß sie hinter einem schwarzen Schleier in einer Loge, notierte mit und gab hinterher ihre Kommentare an die Beteiligten aus – die wohl oft auch sinnvoll und kompetent waren. Auf diese Weise stilisierte sie sich zu etwas Geheimnisvollem und konnte die Künstler für sich gewinnen. *Parsifal*-Dirigent Hermann Levi schrieb an seinen Vater: »Dass die Vorstellungen dieses Jahres so vollendet waren, ist zum großen Teil dem tätigen Eingreifen von Frau Wagner zu danken … Ihre Bemerkungen waren so richtig und feinsinnig, enthielten so wichtige Aufschlüsse über die Kunst des Vortrages, dass ich in diesen wenigen Tagen mehr gelernt habe als in 20 Jahren meiner Dirigentenpraxis.«

Die Hoffnungen der seit 1871 entstandenen Wagner-Vereine nach mehr Mitsprache erfüllten sich nicht. Sie wurden von Cosima auf das Maß von Befehlsempfängern zurechtgestutzt. 1884 beschloss der »Allgemeine Richard Wagner Verein« die Gründung einer »Richard-Wagner-Stiftung« zum Zwecke des Erhalts der Festspiele. 1885 – ein Pausenjahr für die Festspiele – verkündete Cosima offiziell ihre Übernahme der Festspielleitung. Sie setzte auch den verbindlichen Kanon an Werken durch, chronologisch beginnend mit dem *Fliegenden Holländer* und endend mit *Parsifal*, welcher die Frühwerke Wagners, *Die Feen*, *Das Liebesverbot* und *Rienzi,* sowie Werke anderer Komponisten ausschloss.

Personell setzte sie auf Kontinuität: Mit Hermann Levi stand der verdiente *Parsifal*-Dirigent zur Verfügung. Levi verband ein gespanntes Verhältnis mit Cosima: Er zählte zu den musikalischen Größen seiner Zeit und war umfassend gebildet, gleichwohl galt seine jüdische Abstammung nach Wahnfrieder Kriterien als großes Manko: »Dies Dunkeldämonische in Ihnen, welches mich früher förmlich ängstigte, zu mir jetzt wie das Flehen nach Erlösung spricht«, schrieb Cosima in einem Brief an Levi. Dieser bat gelegentlich um seine Entlassung, war zwischen seinem Kunstwillen und dem Widerwillen gegen den Bayreuther Antisemitismus hin und her gerissen. Außerdem nahm Hans Richter, Schüler und Freund Richard Wagners noch aus Tribschener Zeiten, eine wichtige Rolle als Dirigent ein. Der Vollblut-Musiker verzichtete sogar auf ein Honorar und bewahrte sich immer eine gewisse geistige Unabhängigkeit von der Bayreuther Fürstin. Felix Mottl war der jüngste in der Riege der Bayreuther Dirigenten. Er begann bei den ersten Festspielen 1876 als musikalischer Assistent, dirigierte 1886 erstmals *Tristan und Isolde*. Er verstand sich blendend mit Cosima und wusste wohl auch am besten mit ihr umzugehen.

Doch Bayreuth lebte nicht von der Kunst allein: Adolf von Gross, der Schwiegersohn des Bankiers Friedrich Feustel, der bei Wagner für Bayreuth geworben hatte, trug mit seinem Sachverstand maßgeblich dazu bei, dass die Festspiele und die Familie selbst in ruhigeres finanzielles Fahrwasser gelangten. Als Verwaltungsrat der Bayreuther Festspiele, als ökonomisches und organisatorisches Allround-Talent sorgte er für einen zunehmend reibungslosen Ablauf der Festspiele. Auch er verlangte kein Honorar, betrachtete seine Arbeit vielmehr als Ehre und legte eine Unterwürfigkeit gegenüber Cosima an den Tag, welche deren Stilisierung zur »Meisterin« nur dienlich war.

Einen Rückschlag brachte der Tod König Ludwigs. Der Monarch wurde 1886 entmündigt und starb kurz darauf unter bis heute mysteriösen Umständen im Starnberger See. Cosima war davon überzeugt, dass er Selbstmord begangen hatte. Die Bayerische Regierung machte danach den Versuch, die Partituren des *Rings* und *Parsifals* zu ihrem Eigentum erklären zu lassen. Ludwig hatte seinerzeit auf seine Rechte verzichtet. Der verhandelnde Minister argumentierte mit dessen Unzurechnungsfähigkeit. Adolf von Gross hielt dagegen, dass dann auch die von Ludwig eingesetzte Regierung zu Unrecht im Amt sei. Kleinlaut gab sich München mit den Rechten an Wagners Frühwerken *Die Feen* und *Das Liebesverbot* zufrieden.

Unter beschämenden Umständen starb 1886 Franz Liszt in Bayreuth. Zu den Festspielen angereist, die in diesem Jahre die Bayreuther Premiere von *Tristan und Isolde* zeigten, zog er sich eine schwere Lungenentzündung zu. Die durch die Gestaltung des Rahmens der Festspiele ausgelastete Cosima übernahm die Pflege des kranken Vaters selbst, mit dem Ergebnis, dass sich niemand wirklich um den Sterbenden kümmerte, bis Cosima nach einem schweren Anfall Liszts einen Pfleger engagierte. Doch es war zu spät: Liszt verstarb am 31. Juli 1886. Nicht nur, dass Cosima ihm, dem Abbé, die Sterbesakramente verweigerte, nein: Sie schlief kurz nach Liszts Tod an seinem Bett ein – ein irritierender Kontrast zu dem Trauerspiel am Totenbett Richard Wagners. Nach einigem Hin und Her wurde Liszt in Bayreuth – er wünschte an seinem Sterbeort begraben zu werden – bestattet. Ein peinlich-provinzieller Gottesdienst stellte den Rahmen dar. Felix Weingartner, ein Schüler von Franz Liszt, berichtete: »Die Familie Wagner zeigte kein äusseres Zeichen der Trauer. Die Töchter gingen in schwarzen Kleidern, das war alles.« Bereits am Tag der Trauerfeier veranstaltete Cosima wieder eine vornehme Abendgesellschaft in der Villa Wahnfried, was viele befremdete. Bei Weingartner heißt es: »Es war, als wolle man mit Absicht betonen, dass das Hinscheiden Franz Liszts nicht wichtig genug sei, um die Glorie der Festspiele vorübergehend mit einem Trauerschleier abzudämpfen.« Cosimas Hingabe galt dem toten Gatten, ihrer Mission, und nicht dem Vater, zu dem sie nie ein liebevolles Verhältnis aufbauen konnte. So stellten die Umstände seines Hinscheidens eine späte Rache für ihre lieblose Kindheit dar. Wenige Monate später starb Liszts Gattin, Fürstin Carolyne von Sayn-Wittgenstein, in Rom. Cosima konnte sich nicht verkneifen, über die alte Gegnerin, die ihr so viel Ungemach bereitet hatte, an ihre Tochter Daniela zu schreiben: »Ich glaube bestimmt, dass die Niederlage bezügl. der Ueberführung Grosspapa's ihr einen Stoss versetzt hat, wovon sie sich nicht erholen konnte. Sie musste sich ergeben und starb.«

1886 wurde nur *Parsifal* gegeben – mit großem Erfolg. 1887 mussten die Festspiele aussetzen – der Kartenverkauf konnte die Kosten nicht decken. 1888 wurden die *Meistersinger von Nürnberg* erstmals auf die Bühne des Festspielhauses gebracht. Cosima schrieb an Gross, dass, wenn er schon auf einer Aufführung der Meistersinger bestehe – sie waren populär und sollten Einkünfte sichern –, sie nur die Inszenierung der Münchener Uraufführung von 1868 wiederholen könne, da der Meister diese überwacht und für gelungen befunden hätte. Hier wird ihre Denkweise deutlich: Sakrosankt war, was Wagner eingerichtet hatte. Adolphe Appia sandte 1892 unaufgefordert Bühnenbildentwürfe für den *Ring* ein, die Cosima kommentierte: »Appia scheint nicht zu wissen, dass 76 der Ring hier aufgeführt wurde, folglich in Bezug auf Dekorationen und Regie nichts mehr zu erfinden ist.« 1889 gab es nochmals *Tristan und Isolde* – unter Felix Mottl – und *Parsifal* unter Hermann Levi.

Die Produktion des *Tannhäuser* von 1891 wurde zu einer weiteren Probe für ihren Stand: »Das Tannhäuserjahr war der Entscheidungskampf«, schrieb Sohn Siegfried in seinen *Erinnerungen*. *Tannhäuser* war die am häufigsten in Deutschland gespielte Wageroper, aber auch das Werk, an dem Wagner am meisten geändert hatte, ohne zu einem für ihn befriedigenden Ergebnis zu kommen. Er erklärte angeblich kurz vor seinem Tod: »Ich bin der Welt noch einen Tannhäuser schuldig.« In ihrer typischen Art machte sich Cosima daran, den vermeintlichen Willen des Meisters zu erfüllen: In philologischer Korrektheit trug sie alle Selbstzeugnisse Wagners zusammen und sammelte Informationen zu den von ihm überwachten Aufführungen, um das Werk gleichsam dogmatisch korrekt auf die Bühne zu bringen. Kritiker bemängelten das halbe »Jugendwerk«, das Wagner – horribile dictu – für Paris geschrieben hatte, und störten sich daran, dass nicht die Dresdner Fassung, sondern die Pariser zur Aufführung gebracht wurde. Doch schließlich konnte sich Cosima durchsetzen und Bayreuth auf jene Höhe bringen, »auf der es unter der wunderbaren und stets sich steigernden Leistung der einzigartigen Frau fernerhin geblieben ist«, wie der ihr ergebene Wahnfrieder Hofbiograf Du Moulin-Eckart schmeichelte.

1894 war die Bayreuther Premiere von *Lohengrin* – mit durchaus gemischtem Ergebnis. Cosima inszenierte, Felix Mottl dirigierte. Felix Weingartner, beileibe kein enger Freund der Bayreuther, schrieb: »Die Inszenierung war in mancher Hinsicht unbeholfen, in mancher verstieß sie direkt gegen Wagners Vorschriften.« Cosima stand hier vor der gleichen Aufgabe wie vorher bei *Tannhäuser*: aus einer romantischen Oper ein Musikdrama zu formen.

Nach diesen Anfangserfolgen war Cosima in der Mitte der 1890er-Jahre im Zenit ihrer Macht. Der Journalist Maximilan Harden schrieb bissig: »Dieses Bayreuth ist ihres Hirnes Geschöpf; und nur sie seine Gottheit. In dem von Weihrauch geschwängerten Frauenstift … hätte Nietzsches aus Enttäuschung schrill aufheulender Zorn das Lachen gelernt.« In Bayreuth residierten die Wagners quasi als Duodezfürsten, aber auch in Berlin macht Cosima eine gute Figur. Sie reiste durch ganz Deutschland, um geeignete Sänger für Bayreuth zu finden. 1894 debütierte der erfolgreiche Komponist Richard Strauss als Dirigent mit *Tannhäuser*, war der Herrin aber wohl zu eigenständig – er wurde von ihr nie wieder eingeladen.

1896 gelangte 20 Jahre nach der Premiere wieder ein *Ring* zur Aufführung. Ein bedeutsames Jubiläum, aber auch der Beginn einer neuen Zeit: Es dirigierten Richter und Mottl sowie erstmals auch Sohn Siegfried, den Cosima als ihren dynastischen Nachfolger vorgesehen hatte.

STAMMHALTER SIEGFRIED

Die Geburt von Fidi, wie sein Spitzname lauten sollte, als Kind der Liebe und wohl auch als lang ersehnter Stammhalter wurde von Richard mit der Komposition des *Siegfried-Idylls* gefeiert. Das Stück erklang erstmals im Dezember 1870, um Cosima musikalisch aus dem Schlaf zu wecken. Nietzsche feierte es auch nach seiner Abkehr von Wagner als eine Musik, die »heiter und tief ist, wie ein Nachmittag im Oktober.« So wurde denn Siegfried von Anfang an in den Mittelpunkt der Nachkommenschaft gerückt. Seine Geburt war auch Anlass der Entstehung eines der interessantesten kulturgeschichtlichen Dokumente des 19. Jahrhunderts, der Tagebücher Cosimas.

Cosimas Tagebücher

Diese Aufzeichnungen sind nicht Dokumente einer inneren Reflexion, sondern wurden bewusst als Zeugnis für Dritte geschrieben, vor allem für Sohn Siegfried. Sie schildern den Alltag der Familie und Wagners künstlerische und musikalische Vorlieben. Aber auch seine Vorurteile, seine Rechthaberei und seine Kleinkariertheit treten zutage. Die Darstellung geht einher mit einer zunehmenden Überhöhung Wagners, den Cosima nun den

»Meister« nannte, und endet konsequenterweise mit dessen Tod. Cosimas Tagebücher sind ein einzigartiges kulturgeschichtliches Zeugnis, gleichzeitig lassen sie auch erhellende Einblicke in Wagners Größenwahn und Cosimas Hingabe zu. Sie schrieb: »Dieser Betätigung habe ich nicht nachgesucht, sie nicht herbeigeführt, das Schicksal hat sie mir auferlegt,« und: »Jedes Wort von ihm ist mir ein Glaubenssatz.« Diese Vergötterung mag auch im Zusammenhang mit Schuldgefühlen stehen, schließlich hatte sie Hans von Bülow mit Wagner betrogen und ihn verlassen. Indem sie Wagner in den Rang eines veritablen Halbgottes erhob, entlastete sie sich selbst moralisch. Siegfried, für den die Tagebücher vorrangig verfasst wurden, bekam diese allerdings nie zu Gesicht. Seine Schwester Eva nahm sie an sich. 1935 schenkte sie sie der Stadt Bayreuth mit der Auflage, sie bis 30 Jahre nach ihrem Tod unter Verschluss zu halten. Sie erschienen erst 1976.

Siegfried erhielt von mehreren Privatlehrern, unter anderem dem preußischen Philosophen Heinrich von Stein, ab 1879 Privatunterricht. Er war der unumstrittene Kern der Familie: »Lebt nun für Siegfried. Alle Eure Gedanken seien hierauf gerichtet«, schrieb Cosima ihrer Tochter Daniela 1883 ins Stammbuch. »Sorgt für Siegfried, dies mein erstes und letztes; Euer erstes Erwachen am Tage sei für ihn, Euere erste Tätigkeit, Euere schönste Sorge.« Mehrere Italienaufenthalte prägten seine Kindheit und weckten die Liebe zur Architektur. 1889 legte er auf dem Bayreuther Gymnasium das Abitur ab. Als Stammhalter der Wagner-Familie bestand seine Mutter Cosima auf einer einjährigen musikalischen Ausbildung bei dem Komponisten Engelbert Humperdinck – heute vor allem bekannt für sein Märchenstück *Hänsel und Gretel* –, der schon mit Richard zusammengearbeitet hatte. Cosima hatte klare Vorstellungen davon, wie die Ausbildung auszusehen hatte; 1889 schrieb sie an Humperdinck: »Nächsten Donnerstag übersiedelt mein Siegfried nach Frankfurt, und es ist mein Wunsch, dass derselbst dort gründlich die Musik studiere. Er soll zu Ihnen – wenn es Ihnen recht ist – regelmäßig gehen, dann in das Raffsche Konservatorium sich einschreiben, und ich bitte Sie, es genau mit ihm einzuteilen, wo er Harmonielehre, wo Kontrapunkt, wo das Lesen der Partituren vornimmt. Sehr viel liegt mir an der gründlichen und geistvollen Analyse der klassischen Werke, sowohl Mozarts als der Meister der altfranzösischen Schule, und wünsche ich, dass er möglichst viel aus unserer großen musikalischen Literatur zu hören bekommt.«

Siegfried wurde also gleichsam auf eine spätere Tätigkeit in Bayreuth hin ausgerichtet – er stellt somit genau das Gegenteil des »Self-made man« Richard dar. Nach diesem musikalischen Schnupperstudium durfte sich Siegfried seiner anfänglichen Leidenschaft widmen: 1890 nahm er ein Studium der Architektur zunächst in Berlin und dann in Karlsruhe auf. In Karlsruhe wartete schon die Muse der Musik auf ihn, hier wirkte der Bayreuth-Dirigent Felix Mottl als Hofkapellmeister. Halb zog es Siegfried zur Musik, halb sank er selbst hin. 1891 arbeitete er erstmals bei den Festspielen, und zwar zunächst als Beleuchtungsassistent.

1892 unternahm Siegfried mit seinem Freund Clement Harris eine längere Ostasienreise. Sie hatte eine große Bedeutung für ihn, denn ihre Schilderung nimmt den größten Teil seiner 1923 erschienenen *Erinnerungen* ein und verweist auf einen anderen Zug seiner Persönlichkeit: Siegfried war sexuellen Erlebnissen mit Männern nicht abgeneigt. Ihn scheint eine enge Freundschaft, wenn nicht gar Jugendliebe mit Clement verbunden zu haben. Dieser verstarb knapp 26-jährig 1897, als er im Kampf gegen die Türken für die griechische Unabhängigkeit fiel. Sein Bild verließ nie den Schreibtisch Siegfrieds. Cosima war während der langen Abwesenheit ihres Sohnes nervlich am Ende, auch weil sie ein französisches Attentat auf den Meistersohn fürchtete. Nach seiner Rückkehr wurde Siegfried fest in die Struktur der Festspiele eingebunden und als Nachfolger aufgebaut. »Er wusste wohl, dass er für sein Liebesabenteuer mit Clement einen Preis zu zahlen hatte: den Einstieg in das Familienunternehmen«, vermutet Oliver Hilmes.

Siegfrieds Schwestern Daniela, Blandine, Isolde und Eva erhielten eine gute Ausbildung, mussten jedoch stets hinter dem Bruder zurückstehen. Daniela und Blandine waren zweifelsohne die Töchter von Hans von Bülow, sie nannten ihn »Vater« und Richard Wagner »Papa«. Auch wenn Isolde und Eva von Wagner gezeugt wurden, kamen sie doch während der Ehe Cosimas mit Bülow zur Welt, das bedeutete, dass sie nach damaliger Rechtsauffassung nur die Kinder Hans von Bülows sein konnten. Ganz im Sinne der damaligen Zeit war die Erziehung der Töchter auf eine spätere Heirat ausgerichtet. Eine künstlerische Karriere kam auch für die Wagner-Töchter nicht in Frage. »Ich halte es nicht für möglich für eine Frau, der Öffentlichkeit anzugehören und zugleich ihren weiblichen Beruf zu erfüllen«, schreibt Cosima in ihrem Tagebuch. Ihren eigenen Lebensweg und ihre Tätigkeit als Chefin der Festspiele kann sie damit nicht gemeint haben.

Wagner selbst machte nach außen keinen Unterschied zwischen seinen leiblichen und den Kindern von Bülows und mokierte sich wohl auch gelegentlich über die Methoden Cosimas: »Sobald eines oder das andre der Kinder auf der Bildfläche erschien, frug er sie ein bißchen sarkastisch, wie die Lampe, die Tasse, das Buch usw. auf französisch hieße, und neckte sie, weil ihm das Französisch-parlieren im eignen Hause absolut unangenehm war«, berichtete die Sängerin Lilli Lehmann. Gleichwohl ist überliefert, dass er einmal im Eifer zu Cosima meinte, es wäre besser, Daniela und Blandine wären nicht geboren worden: Sie erinnerten ihn an die unschöne Vergangenheit, an den unredlichen Umgang mit Hans von Bülow und den Verlust des Freundes. In welch angespanntem Klima die Kinder aufwuchsen, mag man sich ausmalen. Hans von Bülow verstarb 1894 nach schwerer Krankheit. Cosima nahm nicht an der Beerdigung teil. Es reisten Siegfried, Daniela und ihr Mann Henry nach Hamburg, wo die Trauerfeier am 29. März stattfand.

Daniela hatte 1886 den Kunsthistoriker Henry Thode geheiratet. Doch die Verbindung stand unter keinem guten Stern: Henrys außereheliche Affären sorgten stets für Unruhe. Die Ehe wurde schließlich 1914 geschieden. Daniela blieb in Bayreuth und kümmerte sich um den Kostümfundus der Festspiele.

Blandine wurde die Gattin des sizilianischen Adeligen Graf Gravina. Dieser litt zeit seines Lebens unter Depressionen und war stets in Geldnot. Cosima half ihm mehrfach finanziell aus. Am 14. September 1897 beging er Suizid, indem er sich eine Kugel in den Kopf schoss. Resolut reiste Cosima nach Palermo zu ihrer Tochter. »Ich traf sie elend an, denn die Trauer ist ihr durch die Umstände, unter welchen sie vor sich ging (Schwiegermutter und Schwägerinnen mit laut erregten abergläubischen Gewohnheiten, 5 Ärzte, von denen jeder schlecht behandelt wurde; wenn der Kranke genest, so ist es das Werk der Madonna, wenn nicht, so hat der Arzt dort die Schuld), ungemein erschwert worden. Ich hatte die Genugthuung sie bei weitem wohler zurückzulassen, als ich sie antraf«, schreibt Cosima in einem Brief. Blandine verließ Sizilien und siedelte mit ihren Kindern nach Florenz über. Die »Italiener«, wie sie auch genannt wurden, besuchten von nun an öfters Bayreuth.

Eva heiratete den geborenen Engländer Houston Stewart Chamberlain, der später zum angesehenen Rassentheoretiker der völkischen Bewegung werden sollte, und mauserte sich zur Privatsekretärin ihrer Mutter. Chamberlain hatte die Bayreuther Festspiele erstmals 1882 besucht und daraufhin eine Korrespondenz mit Cosima Wagner begonnen, die er bald für sich einnahm. 1908 heiratete er in zweiter Ehe Eva, um sich dann im folgenden Jahr völlig in Bayreuth niederzulassen. »Nach schweren Jahren gleitet jetzt mein Lebensschiff in freundlichere Wasser ... Daß wir füreinander bestimmt waren – diese Ahnung lag schon seit vielen Jahren uns halb unbewusst im Herzensgrund; jetzt kam die Stunde des sonnigen Bewußtwerdens. Die hohe Mutter hat in ihrer Herzensgüte diesen Bund gesegnet«, schrieb er im Jahr seiner Eheschließung an seinen Freund Kaiser Wilhelm II.

Isolde, das erste gemeinsame Kind von Richard und Cosima, war die Lieblingstochter ihrer Mutter. Sie heiratete 1900 den Musiker Franz Beidler, zusammen ließen sie sich in Bayreuth nieder. 1901 wurde der Sohn Franz Wilhelm, der erste männliche Enkel des »Meisters«, geboren. Cosimas Freude war groß. Doch schon bald brauten sich Stürme zusammen: Beidler senior machte mehr oder weniger ungehobelt Ansprüche in Bayreuth geltend. Nicht nur, dass er es dabei an der erwarteten Unterwürfigkeit gegenüber Cosima fehlen ließ, sein raumgreifendes Verhalten ließ auch befürchten, dass Siegfried verdrängt werden würde. Der Enkel war immerhin ein großes Argument für eine herausgehobene Stellung Beidlers. Siegfried war zu dieser Zeit immer noch Junggeselle. Beidler war 1896 Festspielassistent in Bayreuth und dirigierte dort 1904 und 1906. Zum Bruch kam es, als seine Hoffnungen in Bayreuth zunichte gemacht wurden, indem Cosima Siegfried zum alleinigen Festspielleiter bestimmte.

1909 verfasste das Ehepaar Beidler einen Versöhnungsbrief an Cosima, der entweder von Siegfried oder Eva abgefangen wurde. Diese verbaten sich das Schreiben mit dem Hinweis, eine derartige Erregung könne den damals schon angegriffenen Gesundheitszustand der Mutter weiter gefährden. Natürlich war dieser Grund nur vorgeschoben: Sowohl Siegfried als auch das Ehepaar Chamberlain fürchteten, ihr Einfluss könnte sinken, wenn den Beidlers samt ihrem Kind – dem immer noch einzigen Enkel Richard Wagners – die Wiederannäherung an Cosima gelänge.

Cosima litt durchaus unter der Trennung von ihrer Tochter und griff hin und wieder zur Flasche. Schwiegersohn Chamberlain schreibt an ihren behandelnden Arzt: »Mama habe diese Nacht eine ganze halbe Flasche Champagner getrunken, wieder eine Unbotmäßigkeit. Was Sie dazu sagen, soll ich fragen. Ich würde einfach die Flasche immer halb abgiessen – denn so eine echte Heldennatur trinkt doch noch weiter so lange ein Tropfen da ist.« Siegfried erteilte seinem Schwager Beidler Hausverbot.

In dieser Situation entschloss sich Isolde, um ihre Abstammung von Wagner einen Prozess zu führen – wohl auch, um ihrem Sohn eine Zukunft in Bayreuth zu ermöglichen. Isolde war die Tochter Richard Wagners, das war ein mehr oder weniger offenes Geheimnis; rechtlich hingegen war sie eine von

Bülow und hatte auch bei dessen Tod ihren Erbteil angetreten. Cosima stritt die Vaterschaft Richard Wagners rundheraus ab und blieb selbst den Verhandlungen fern. Isolde verlor den Prozess, nach Auffassung des Bayreuther Gerichts vom 19. Juni 1914 blieb sie den Beweis schuldig, das Kind Wagners zu sein und nicht des damaligen Gatten Cosimas, Hans von Bülows. »Pater est, quem nuptiae demonstrant.« Isolde war damals bereits an Tuberkulose erkrankt, sie starb am 7. Februar 1919. Auf ihrem Grab steht heute »Isolde Beidler geb. von Bülow-Wagner«. Tragisch genug, dass eine Tochter einen Prozess um ihre Abstammung gegen die eigene Mutter führen musste. Auch ihr Bruder Siegfried stellte sich gegen sie, als er 1913 während des Prozesses einen Plan präsentierte, Festspielhaus samt Grundstück, Wahnfried und Archive in einer Stiftung dem deutschen Volk zu übergeben. Nach Ende des Prozesses verschwand der Plan wieder von der Bildfläche; Isolde wurde immerhin des Egoismus bezichtigt, indem sie einer Stiftung entgegenstand.

Der Prozess sorgte weithin für Aufsehen und beschädigte das Ansehen der Wagners. Die sozialdemokratische Zeitschrift *Vorwärts* schrieb: »Wegen ein paar hunderttausend Mark mehr oder weniger zerfetzt die Tempelwächterin des deutschen Vorsängers vor aller Welt ihre Frauenehre und ist bemüht, vor Gericht nachzurechnen, welcher Vater für dieses Kind in Betracht komme. Man kann ohne Übertreibung und in schöner Milde sagen, daß dies der tollste Skandal ist, der sich seit Jahrzehnten in den Kreisen abspielte, die deutsches Wesen gepachtet zu haben glauben.« Auch wenn der Bayreuther Wagner-Clan juristisch gewonnen hatte, gab es nur Verlierer: Isolde verlor ihre Familie, Cosima ihre Ehre, Siegfried und die Chamberlains erschienen als verlogene Gesellschaft.

DER BAYREUTHER KREIS – WAGNER-KULT UND RECHTE POLITIK

Die Gründung der Festspiele fiel annähernd mit der Gründung des deutschen Nationalstaats zusammen. Auch wenn Wagner selbst Bismarck hasste und das neue Reich verachtete, berauschte sich der immer aggressiver werdende deutsche Nationalismus an seiner Musik. Wagner wurde hier als Kronzeuge der Überlegenheit der deutschen Kultur angeführt. Die obrigkeitsstaatliche deutsche Tradition, die für das alltägliche Kleinklein der Politik wenig übrig hatte, fand ihren Widerhall auch in der Verehrung Richard Wagners. Walther Rathenau, nach dem Ersten Weltkrieg Reichsaußenminister und 1922 Opfer eines rechtsradikalen Mordanschlages, beschreibt diese Stimmung vor 1914 rückblickend: »Es ist kaum einzuschätzen, wie stark die letzte Generation vom Einfluß Richard Wagners gebannt war, und zwar nicht so entscheidend von seiner Musik wie von der Gebärde seiner Figuren, ja seiner Vorstellungen ... Es ist immer jemand da, Lohengrin, Walther, Siegfried, Wotan, der alles kann und alles schlägt, die leidende Tugend erlöst, das Laster züchtigt und allgemeines Heil bringt, und zwar in weitausholender Pose, mit Fanfarenklängen, Beleuchtungseffekten und Tableau.«

Cosima stellte die Weichen für diese deutschnationale Wagner-Rezeption. Es war keineswegs ausgemacht, dass der Revolutionär von 1848/49 einmal zu einer Ikone der Rechten werden sollte. Auch der Antisemitismus der Bayreuther war extrem: Cosimas Abneigung gegen Juden war weitaus heftiger und emotionaler als diejenige Richards. Für alles Negative machte sie die Juden verantwortlich. Hinzu kam ein für die gebürtige Französin seltsamer Franzosenhass, eine Abrechnung mit der Vergangenheit und eine Bestätigung ihrer Hingabe an Wagner: »Die französische Sprache hat ganz aufgehört für mich die Sprache des Herzens zu sein, französisch klang alles was mich verwundet, deutsch was mich geheilt hat; deutsch sprach meine gute alte Grossmutter, die meine Kindheit liebte, französisch dagegen die Gouvernanten und Adoptiv-Mütter die sich meiner annahmen, deutsch war die Zuflucht die meine Geschwister und ich vor dieser Pflege suchten; das Elend unserer Ehe bestreuten wir, Herr von Bülow und ich, mit dem Pfeffer des französischen Witzes. Mit dem ersten deutschen Brief, den ich Wagner – und auch überhaupt – schrieb, hat der ewige Augenblick meiner Erlösung geschlagen, deutsch ist mein Glauben, meine Liebe, mein Hoffen, und nichts Herzliches fällt mir auf französisch ein«, schrieb Cosima an ihre Freundin Marie von Schleinitz 1871. Früh wurden auch Kontakte zu Prinz Wilhelm – dem späteren Kaiser – geknüpft. Ziel war die Stilisierung Bayreuths zu einer nationalen Sache des Reiches. Wilhelm II. tönte gerne laut und viel, doch wenn es um ein konkretes Engagement für Bayreuth ging – beispielsweise um eine von Cosima anvisierte Schirmherrschaft – unterließ er Taten. Anteil hatte daran bis zu seiner Entlassung auch Otto von Bismarck: Er und Richard Wagner waren sich schon vorher in tiefer gegenseitiger Abneigung verbunden. Bismarck wollte zudem verhindern, dass sich die Wittelsbacher als ureigene Förderer Bayreuths womöglich übergangen fühlten.

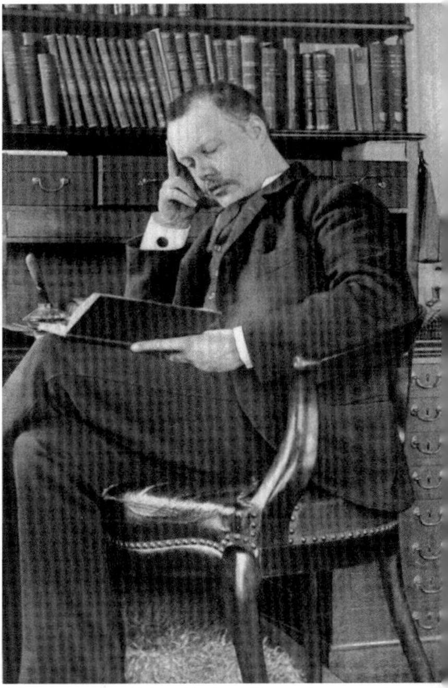

Houston Stewart Chamberlain. – Fotografie, 1895.

Ein anderer entwurzelter Europäer sollte entscheidend werden, als es darum ging, Wagner zum Messias einer »arischen« Regeneration zu stilisieren: Cosimas Schwiegersohn Houston Stewart Chamberlain. Er wurde zum weltanschaulichen Mittelpunkt einer verschworenen Gesinnungsgemeinschaft, die meinte, Richard Wagner für sich gepachtet zu haben: dem Bayreuther Kreis. Der Wagnersche Schuh war den deutschtümelnden Wagnerianern zu groß. Wagner selbst bemerkte einmal gegenüber Cosima über seine Jünger: »Man wirft so einen Gedanken hin ... die machen daraus eine unveräußerliche, feste Sache, nun haben wir's.« Große Teile des Bildungsbürgertums in Deutschland, »das zu allen Zeiten die größten Philosophen und die dümmsten Philosophenschulen besessen hatte« (Egon Friedell), erhoben Richard Wagner in den nationalen Olymp. Mit Cosima im Zentrum bildete der Bayreuther Kreis gleichsam das ›Politbüro‹ in Sachen Wagner mit der Zeitschrift *Bayreuther Blätter* als Zentralorgan.

Chamberlain übernahm zunehmend mit seiner Frau die ideologische Führung in Wahnfried, den gesundheitlich bedingten Rückzug Cosimas ab 1906 und die Beschäftigung Siegfried Wagners mit der Leitung der Festspiele und dem Komponieren eigener Opern ausnutzend. Denn auch seine Frau Eva saß an einer wichtigen Schaltstelle: Sie war quasi die Sekretärin ihrer Mutter und kontrollierte den Zugang und Informationsfluss zu der kranken Cosima. Diese vertraute ihr auch ihre Tagebücher an. Unter Chamberlains Ägide wurden die *Bayreuther Blätter* endgültig zu einer chauvinistischen, nationalistischen und antisemitischen Hetzschrift und selbst die offiziellen Festspielführer vor den Karren des ideologischen Kampfes gespannt. Das Sinnangebot sollte vor allem entwurzelte und unsichere Zeitgenossen ansprechen. Der Schriftsteller Robert Musil beschreibt diese Suche nach geistigem Halt in den Jahrzehnten vor und nach 1900: »Als die Sonne des alten europäischen Idealismus zu verlöschen begann und der weiße Geist sich verdunkelte, wurden viele Fackeln von Hand zu Hand gereicht – Ideenfackeln; weiß Gott, wo sie gestohlen oder erfunden worden waren! – und bildeten da und dort den auf und niedertanzenden Feuersee einer kleinen Geistesgemeinschaft.« Von der kleinen Geistesgemeinschaft war es nicht weit zur Kleingeistigkeit. Ältere Repräsentanten des Bayreuther Kreises wie der verschrobene Hans von Wolzogen oder der liebedienerische Wagner-Biograf Carl Friedrich Glasenapp wurden außerhalb des Kreises eher belächelt. Chamberlain erreichte als Schriftsteller hingegen Zehntausende. »Er betrieb mit seiner Schriftstellerei eine Formierung des völkischen Lagers, das für das Familienunternehmen ein großes Potential darstellte«, heißt es bei Cosimas Biograf Oliver Hilmes.

Chamberlains *Der Mythos des XIX. Jahrhunderts*
Chamberlain verfasste unter anderem populärwissenschaftliche Biografien über Goethe und Wagner, sein *opus maximum* war jedoch *Der Mythos des XIX. Jahrhunderts* von 1899. Das Werk stellte eine Weltgeschichte auf rassistischer Grundlage dar, brachte ihm die Freundschaft Kaiser Wilhelms II. ein und hatte einen nicht geringen Einfluss auf Adolf Hitler. Es war ein Standardwerk des theoretischen Rassenantisemitismus und ist ein klassisches Beispiel von Pseudowissenschaft. Keineswegs werden Modernität, Wissenschaft und Industrie völlig verworfen: Der Rassenmystizismus beispielsweise war verbunden mit idealistischer Religiosität und dem Anspruch auf Wissenschaftlichkeit sowie deren Respektabilität. Als Universalgeschichte beschrieb Chamberlain die Geschichte unter der Perspektive des Kampfes der »guten nordischen Rasse« mit der »bösen semitischen«. Alle große Kultur war nordisch, alles Negative in den Juden versammelt. Rasse wurde zur Ersatzreligion – und Chamberlains Buch ein Bestseller. Letztlich ist Chamberlain durch sein Wirken das entscheidende Bindeglied zwischen Bayreuth und den Nationalsozialisten. Schon in den Jahren vor dem Ersten Weltkrieg verschärften sich die Stimmung und die Meinung derer, die hier einen Hort »wahren Deutschtums« sahen. Während des Ersten Weltkriegs verfasste er eine Flut von Pamphleten, erwarb sich dadurch ein Eisernes Kreuz und wurde – erstaunlicherweise erst 1916 – deutscher Staatsbürger. Der Verlauf des Krieges, der vermeintliche Dolchstoß der linken, jüdischen Politiker in den Rücken des disziplinierten und tapferen Heeres ließen ihn zu einem Feind der Ordnung nach 1918/19 und einem Doyen der beginnenden nationalsozialistischen Bewegung werden. Nicht zuletzt bezog sich der nationalsozialistische Ideologe Alfred Rosenberg mit seiner Schrift *Der Mythus des 20. Jahrhunderts* klar auf Chamberlain.

Kritischen Zeitgenossen war der Wahnwitz in der Villa Wahnfried durchaus bewusst, die von Cosima betriebene Wagner-Vergötterung, der Nationalismus und das salbungsvolle Gehabe des Bayreuther Kreises stießen auch auf Ablehnung. Cosima war immerhin so klug, sich Unabhängigkeit vom Bayreuther Kreis zu bewahren: Der künstlerische und finanzielle Erfolg der Festspiele stand für sie im Vordergrund, sie ließ sich nie dazu hinreißen, ausländische Künstler etwa abzulehnen, weil diese nicht »arisch« genug seien.

ZEITENWENDE UM 1900

Die Beschleunigung der Zeitabläufe im »nervösen Zeitalter« (Joachim Radkau) ging auch an Bayreuth nicht vorüber; neben der bereits erwähnten Affäre Beidler erschütterte allerhand Ungemach die Familie Wagner. Die Aufstellung der Büste Richard Wagners in der Walhalla anlässlich seines 100. Geburtstages 1913 und die Verleihung der Bayreuther Ehrenbürgerwürde an Siegfried waren da nur eine kleine Entschädigung.

Ab 1900 wurde das »Münchner Richard Wagner Festspielhaus« – wie es sich unverfrorenerweise nannte – errichtet. Der Schauspieler und Regisseur Ernst von Possart, der seit 1893 das Münchener Hoftheater leitete, war der Initiator, Max Littmann der Architekt. Der Entwurf orientierte sich am amphitheaterförmigen Festspielhaus, und in Bayreuth nahm man dies feindselig auf: Nicht zuletzt fürchtete man um den Absatz der Karten. Das spätere Prinzregententheater bot immerhin Platz für 1050 Personen. Bayreuth und München waren sich in herzlicher Abneigung verbunden, das dortige Theater wurde als Konkurrenz zur einzig legitimen Wagner-Weihestätte gesehen. Der Prinzregent selbst indes verhielt sich nicht Bayreuth-konform – er wiegelte ab. Im engeren Milieu um Bayreuth konnte Cosima mit Berufung auf den Willen des Meisters allerhand durchsetzen, doch in anderen Kreisen war sie machtlos. Zwar strömten den Wagners reichlich Tantiemen für die Aufführung der Wagnerschen Werke zu, aber der Alleinvertretungsanspruch in Sachen Kunst war dahin.

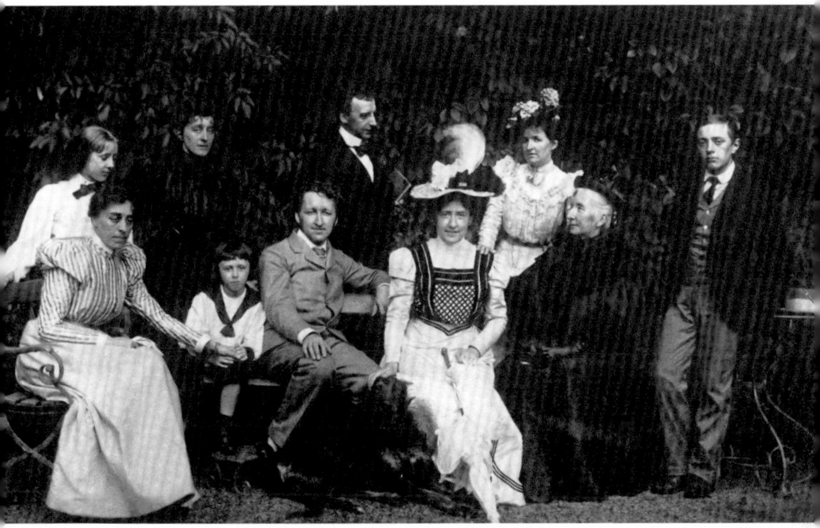

Richard Wagners Familie im Garten der Villa Wahnfried. – Fotografie, 1895.

Ein erklärtes Ziel der Bayreuther war es auch, eine Aufführung des *Parsifal* außerhalb Bayreuths zu verhindern. Wagner selbst wollte das »Bühnenweihfestspiel« dem Festspielhaus vorbehalten. Er schrieb an Ludwig II.: »So muss ich ihm denn nun eine Bühne weihen suchen, und dies kann nur mein einsam dastehendes Bühnenfestspielhaus in Bayreuth sein.« Cosima bemühte sich bereits 1901 um eine Schutzfristverlängerung im Reichstag – vergeblich. Danach wurde der *Parsifal* nach New York entführt, die USA waren der Berner Urheberrechtskonvention von 1886 nicht beigetreten. Cosima konnte nichts tun als den mitwirkenden Künstlern mit Hausverbot in Bayreuth zu drohen. 1913 lief die 30-jährige Schutzfrist für das »Bühnenweihefestspiel« endgültig aus. Die publizistischen Wogen schlugen hoch, der Fall *Parsifal* fand ein breites Echo in der Öffentlichkeit und manche Wagnerianer steigerten sich in eine regelrechte Hysterie hinein. Wagner hatte inzwischen den Rang einer nationalen Sache: Es wurde in beinahe jeder größeren Stadt ein »Komitee zum Parsifal-Schutz« gegründet, es gab Reden, Pamphlete und Appelle. Richard Strauss verbrachte acht Tage in Berlin, um im Reichstag Abgeordnete zu bearbeiten. Seine Erfahrungen ließen ihn gegen die Idee des »blöden allgemeinen Wahlrechts« revoltieren, welches die Tatsache ignoriere, dass »die Stimme eines einzigen Richard Wagner hunderttausend Stimmen und ungefähr zehntausend Hausknechte zusammen eine Stimme bedeuten«. Es wurden moralische, praktische, ästhetische und pseudo-religiöse Argumente ins Feld geführt: Es sei schließlich der Wunsch des Komponisten gewesen, *Parsifal* der Bayreuther Bühne vorzubehalten; Bayreuth würde sein ›Alleinstellungsmerkmal‹ verlieren und finanziellen Schaden oder gar Ruin erleiden; nur in Bayreuth könne das Werk korrekt aufgeführt werden; nur der mystisch-spirituelle Charakter der Bayreuther Kultstätte könne das Werk vor Entweihung schützen. Die »Lex Parsifal« kam im Reichstag nicht zur Abstimmung, zeigt insofern auch den begrenzten Einfluss der Wagnermanie Bayreuther Prägung. Gleichwohl wirft diese Episode ein Schlaglicht auf den Stellenwert, den Wagner in Kreisen des Bildungsbürgertums innehatte.

Zu dieser Zeit war Cosima bereits nicht mehr die Leiterin der Festspiele. Wegen gesundheitlicher Probleme übergab sie das Zepter ab 1906 (offiziell ab 1908) an den damals 37-jährigen Siegfried, den sie immer für diese Position vorgesehen hatte. Sie residierte im oberen Stockwerk des Hauses, ging zweimal täglich spazieren und erhielt oft Besuch von Gefährten aus alten Tagen: Hans von Wolzogen, Hans Richter und Adolf von Gross. Den Kult um ihren Gatten betrieb sie weiter: »In Großmutters Gegenwart wagte niemand, Richard Wagners Namen zu erwähnen; nahte sein Geburtstag oder der Jahrestag seines Todes, verheimlichte man ihr das Datum, bis der betreffende Tag vorüber war; auch sie sprach nie von ihm, doch man sagte, sie rufe im Schlaf oft seinen Namen«, erinnerte sich Enkelin Friedelind. Und wenn sie doch einmal über ihn sprach, dann nannte sie ihn »Meister« oder »Wagner«, aber nie »Richard«. Ab Mitte der 1920er-Jahre verschlechterte sich ihr Gesundheitszustand rapide, auch Besucher empfing sie nicht mehr. Sie dämmerte dahin und lebte als ein Denkmal ihrer selbst in der Vergangenheit. Von der Welt um sie herum bekam sie zunehmend wenig mit. Eine Besucherin schrieb: »Während der intensiven geistreichen Unterhaltung zwischen Mutter, Sohn und Tochter ließ die alte Dame den Fächer sinken, und nun saß ich völlig überwältigt von dem Eindruck vor dieser überragenden, fast schon zur Sage gewordenen Persönlichkeit.« Gerade auch im hohen Alter war sie noch die Hohe Frau, eine zutiefst vom 19. Jahrhundert geprägte Gestalt in der unruhigen Gegenwart der 20er-Jahre.

3 Siegfried Wagner – Der Erbprinz

SIEGFRIED ALS LEITER DER FESTSPIELE

Siegfried war von Anfang an als Festspielleiter vorgesehen. »Nun, geschaffen ist es doch! Und dereinst – da muss mein Junge für das Rechte sorgen!« hatte sein Vater verkündet, und Cosima folgte auch hier ihrer Ergebenheit an den Willen des Meisters, indem sie Siegfried gezielt als Nachfolger aufbaute. Er begann als Beleuchtungsassistent bei den Festspielen, wurde 1892 zunächst musikalischer Assistent, 1894 Probendirigent und 1896 leitete er schließlich seine ersten Aufführungen, nämlich den vierten Zyklus der zweiten Bayreuther Inszenierung des *Ring des Nibelungen*. »Als ich da in den mythischen Abgrund an das Pult trat, unter mir das Riesenorchester, vor mir das Dunkel der Rheingoldtiefe, da wurde mir schon etwas schwindelig zumute. Gottlob konnte ich die Partitur so gut wie auswendig, so daß mein momentan getrübtes Auge nicht von den Noten abhängig war. Bald wich jede Erregung, ich fühlte etwas von einer segnenden Hand über mir, die mich in diesen entscheidenden Stunden beschützte.« Da hatte wohl Vater Richard seine Hand im Spiel – der auch einer der ersten Dirigenten war, die auswendig dirigierten.

Die Meinungen über Siegfrieds Qualitäten als Dirigent waren gleichwohl geteilt: Richard Strauss hielt sie für »miserabel«, doch muss man Siegfried zugute halten, dass Strauss sich ohnehin mit Bayreuth überworfen hatte. George Bernhard Shaw hingegen, ein undogmatischer Wagner-Kenner, lobte die Arbeit des Sohnes im Orchestergraben. Auch Felix Mottl findet in seinem Tagebuch anerkennende Worte: »Siegfried dirigiert die Rheingoldprobe ausgezeichnet«, und: »Siegfried macht seine Sache erstaunlich.« 1908 zog sich die kranke Cosima endgültig von der Leitung der Festspiele zurück, die in die Hände ihres Sohnes überging. Die Bayreuther Sache sollte von da an sein Leben bestimmen. 1896 bis 1914 leitete Siegfried Wagner regelmäßig ein Werk im Orchestergraben. Die Bayreuther Festspiele leitete er von 1908 bis 1930 und hat sie mehr pragmatisch denn revolutionär für die Moderne geöffnet. Der Übergang lief glatt, da Siegfried bereits vorher in die Festspiele eingebunden war. Auch brachte er durch seine lockere Art manche steife Verkrustung zum Aufbruch und beschritt gerade als Regisseur durch den innovativen Einsatz von Licht und Farbe einen Weg der Modernisierung. Siegfried war kein Ausnahmetalent wie sein Vater, doch ebenso vielseitig begabt: Er war Komponist, Librettist und Dichter, Regisseur und Dirigent.

Siegfried als Komponist

Siegfrieds Erfolg als Komponist reicht nicht an berühmte Zeitgenossen wie Richard Strauss heran. *Der Bärenhäuter* gehörte zu seinen erfolgreichsten Stücken. 1899 wurde die Oper in München uraufgeführt, die erste Aufführung in Wien wurde von niemand geringerem als von Gustav Mahler dirigiert. Gerade in Abgrenzung zu seinem übermächtigen Vater und seinem Lehrer Engelbert Humperdinck folgend, verfasste er volkstümlich-humoristische Opern. Das Genre der »Märchenoper« galt als Gegengift zum Wagnerismus – also der unkritischen Nachahmung Richard Wagners. Siegfried schrieb an den befreundeten Komponisten Humperdinck, der bereits mit seinem Vater zusammengearbeitet hatte: »Die Rückkehr zur Einfachheit! die Kleinheit des Rahmens! Dein ewiges Verdienst bleibt es, diese Bahn eingeschlagen und sie uns gewiesen zu haben. Nur so können wir uns als wirkliche Wagnerianer bewähren. Ein harmloses, sinniges deutsches Lustspiel, das ist, was uns eigentlich noch übrig bleibt.« Gleichwohl konnte er nicht an den großen Erfolg des heiteren *Bärenhäuter* anknüpfen – morbide Themen wie Inzest oder Kindsmord in seinen späteren Werken lassen auch auf eine Nachtseite des vermeintlich immer gut gelaunten Siegfried schließen. Die permanente Angst, seine gleichgeschlechtlichen Neigungen könnten ans Tageslicht geraten, haben sicherlich hierzu beigetragen. Themen wie Volkssage und Landleben wenden sich programmatisch gegen Großstadt und Moderne. »Modern« war Richard Strauss, der Rivale Siegfrieds. Dieser und

auch Cosima lehnten Strauss' Tonsprache und seine Libretti ab, er wurde zur unerwünschten Person in Wahnfried.
Siegfrieds Opern wurden in ganz Deutschland uraufgeführt: *Herzog Wildfang* 1901 in München, *Der Kobold*, *Bruder Lustig* und *Sternengebot* in Hamburg, *Banadietrich* in Karlsruhe, *Schwarzschwanenreich* in Köln, *Der Friedensengel* in Köln. *An allem ist Hütchen schuld* in Stuttgart und *Der Schmied von Marienburg* in Rostock. Dauerhafter Erfolg war ihnen jedoch nicht beschieden. Musikalisch ist das Urteil zwiespältig: Seine Opern waren solide, aber blieben hinter der musikalischen Entwicklung zurück. Er komponierte, als hätte es seinen Vater nicht gegeben und blieb in seiner musikalischen Sprache ein Mann des 19. Jahrhunderts. Der Komponist Claude Debussy schrieb beispielsweise über *Herzog Wildfang*: »Achtbare Musik, nicht mehr; so etwas wie die Hausaufgaben eines Schülers, der bei Richard Wagner studiert hat, aus dem sich aber der Lehrer nicht viel machte.« Felix Weingartner, Dirigent und Komponist, urteilte etwas heftiger, dass es sich bei Siegfried um eine »Talentmikrobe« handle, die dank des berühmten Vaters zur scheinbaren Größe aufgebläht werde.
Siegfrieds Tragik als Komponist liegt in einem doppelten Missverständnis: Einerseits war er trotz seines Talentes dem Vergleich mit dem übermächtigen Vater einfach nicht gewachsen, andererseits suggerierten ihm Familie und Freunde Wahnfrieds, er sei ein großer Künstler, ja ein Genie. In diesem Ton schrieb Cosima vor einem Konzert, das Siegfried 1895 in Budapest dirigierte, an ihren Sohn: »In wenigen Stunden trittst du nun auf, und du kannst dir wohl denken, wie wir dich umgeben. Schwer würde ich es ertragen, nun auch dich, mein teuerstes Wesen, in der Öffentlichkeit zu wissen, wenn deine ganze Art nicht eine so überlegene wäre und wenn ich dich nicht sowohl über die Gefahren des Erfolgs als über die Niedergeschlagenheit durch Verkennung durch deine in-

nere Kraft gestählt wüsste. Auch hast du eine Bestimmung, die sich wie durch Gnade offenbart hat und die du jetzt auf diese Weise zu bekunden hast.« Wer auch nur den leisesten Zweifel an Siegfrieds Genialität hegte, fiel bei Cosima in Ungnade. An Misserfolgen seien allein die Presse und die Juden schuld. Verschwörungstheorien immunisieren sich selbst, und Siegfrieds Erfolglosigkeit lag für ihn stets am Desinteresse der Deutschen und der Opposition der Juden.

Siegfried sah seine Hauptaufgabe in Bayreuth als »Bühnenleiter«, also nach heutigen Begriffen als Regisseur. Dabei war er kein rasanter Revolutionär, sondern ein vorsichtiger Reformer, der gleichwohl frischen Wind durchs Festspielhaus wehen ließ. Als Bühnenbildner konnte er auch seine architektonischen und kunsthistorischen Interessen einfließen lassen. Seine Neuerungen waren vor allem dreidimensionale Bauten anstatt der gemalten Kulissen und die Einführung eines Rundhorizonts zur perspektivischen Tiefenwirkung der Bühne. Vor dem Ersten Weltkrieg inszenierte er drei Werke in Bayreuth, von denen vor allem die *Meistersinger* 1911 einen Durchbruch zur Moderne darstellten. Sie waren denen Cosimas von 1888 nachempfunden, jedoch als Komödie aufgefrischt.

Vor dem Ersten Weltkrieg stieg die Anziehungskraft Bayreuths weiterhin. Dazu trug vor allem *Parsifal* bei, der bis 1913 nirgendwo sonst gezeigt werden durfte. Amerikaner, Briten und Franzosen kamen nach Bayreuth, das sich allmählich vom Wagner-Museum und der Gralsburg Cosimascher Prägung in ein europäisches Kulturzentrum verwandelte.

Siegfried wird von den meisten Seiten als freundlich und jovial geschildert. Seine Briefe und Selbstzeugnisse sind von leiser Ironie und Humor durchzogen. Künstlerisch-musikalisch war er vom starren Dogmatismus der Ultra-Wagnerianer entfernt und hatte auch seine Freude an Donizetti, Verdi oder Bizet. Seinen Umgang mit den Künstlern beschrieb eine Zeitzeugin so: »Punkt neun Uhr kommt Siegfried Wagner angefahren. Er trägt meist Kniehosen und gelbe Strümpfe, tritt morgenfrisch gelaunt unter die Künstler, begrüßt jeden mit irgendeinem netten lustigen Wort, steht vor dem Tor ... bis er plötzlich auf die Uhr sieht und ›nun Kinder, 's ist Zeit, kommt, kommt!‹ über den Platz hin ruft, energisch in die Hände klatscht und unter seinem Vortritt dann die ganze Versammlung ins Festspielhaus zieht ... Und nun kann man da oben Siegfried in seinem Element beobachten und bewundern! Er ist der geborene Regisseur, unermüdlich in seinem Eifer, unerschöpflich in seiner Energie ... Kein Nachlassen der Aufmerksamkeit, keine Zerstreutheit, keine Halbheiten duldet er je, er fordert von jedem, dass er sein bestes gebe, und dieser unerbittlichen Strenge, zusammen mit einer ungemein liebenswürdigen Art, Menschen zu nehmen und zu leiten, gelingt es, sie in seine Zwecke und Ziele zu fügen.« Er hat sich also offenbar erfrischend vom aristokratischen Verhalten seiner Mutter unterschieden.

Bei aller Freundlichkeit tritt er einem aber auch als ein etwas distanzierter Zeitgenosse entgegen. Hinter seiner Ironie, seinem Lächeln und seiner unbestreitbaren Bescheidenheit bleibt vieles rätselhaft und wohl auch unausgesprochen. »Ich fühle mich durchaus nicht als tragische Gestalt«, schrieb er. »›Siegfried‹ ward ich von meinen Eltern genannt. Nun, Ambosse habe ich nicht zerhauen, Drachen habe ich nicht getötet, Flammenmeere habe ich nicht durchschritten. Und trotzdem hoffe ich, nicht ganz unwürdig dieses Namens zu sein, denn das Fürchten ist wenigstens nicht mein Fall.« Seine Rolle als Sohn des Meisters hat er – im Bewusstsein seiner eigenen Fähigkeiten – ironisch reflektiert: »In Deutschland besteht jedenfalls ein Dogma, daß solch ein Sohn mindestens ein halber Esel, wenn nicht gar ein kompletter Idiot sein muß. Kommt nun einer, auf den dieses Dogma nicht ganz paßt, entsteht Verwirrung.«

ZEHN JAHRE ZWANGSPAUSE

Nach einer Aufführung des *Parsifal* senkte sich am 1. August 1914, dem Tag der deutschen Mobilmachung und Kriegserklärung an Russland, der Vorhang des Festspielhauses. Niemand ahnte im Taumel der nationalen Begeisterung – schließlich sollte der freudig begrüßte Waffengang nur ein »Ausflug nach

Paris« werden –, dass er sich die nächsten zehn Jahre nicht mehr öffnen sollte. Europa rauschte in die »Urkatastrophe des 20. Jahrhunderts« (George F. Kennan). Mit Mühe und Not konnten von 20 geplanten Aufführungen acht stattfinden, danach wurden die Festspiele eingestellt. Für einen solchen Fall gab es keine vertraglichen Regelungen – die Kartenpreise mussten zurückerstattet und die meisten Gagen ausgezahlt werden, insgesamt belief sich das Minus auf 350 000 Mark. Damit waren die Wagners, die das gesamte Risiko an dem Familienunternehmen trugen, und die Festspiele auf einen Schlag pleite.

Trotz dieser Katastrophe gab es gute Nachrichten für die Familie: Der 46-jährige Siegfried – als Sohn des Meisters eine Person öffentlichen Interesses – ging 1915 endlich eine Ehe ein. Seine Familie mag erleichtert aufgeseufzt haben. Sie setzten alles daran, Siegfried, der wegen homosexueller Affären stets gefährdet war, unter die Haube zu bringen. Der Journalist Maximilian Harden, der schon den Vertrauten Wilhelms II., Philipp von Eulenburg, wegen dessen Homosexualität in einem der größten Skandale des Kaiserreiches zu Fall gebracht hatte, richtete sein Fadenkreuz bereits auf Siegfried. Nur der Ausbruch des Krieges verhinderte größere Enthüllungen.

Homosexuelle in Deutschland

Das Ausleben homosexueller Neigungen war um die Jahrhundertwende und danach durchaus möglich, in den Großstädten gab es mancherlei Nischen. Die Reichshauptstadt Berlin hatte um 1900 eine weltweit einzigartige schwule Subkultur. Sozial niedrig stehende Personen drohte Verfolgung durch Polizei und Justiz, prominente oder adelige Homosexuelle, die in der Öffentlichkeit standen, mussten sich vor allem vor Erpressungen fürchten. Gefährdet waren Schwule allesamt, auch wenn die Homosexualität mancher oft nur ein offenes Geheimnis war. Andererseits genügte oftmals auch nur das Gerücht, um ganze Existenzen zu zerstören: Auf die Fassade kam es an.

Der Anwalt und Schriftsteller Karl Heinz Ulrichs (1825–1895) setzte sich als erster für die Rechte von Homosexuellen ein. Er hielt öffentlich Reden gegen den restriktiven Paragrafen 175 des preußischen Strafrechtes, der Homosexualität zwischen Männern unter Strafe stellte, konnte aber dessen Einführung für das gesamte Reichsgebiet mit der Reichsgründung 1871 nicht verhindern. Von Ulrichs beeinflusst war der Arzt Magnus Hirschfeld. Seine Person ist untrennbar mit der ersten weltweiten Organisation für Homosexuellenrechte, dem 1897 gegründeten »Wissenschaftlich-humanitären Komitee« (WhK), verbunden. Es wurde sogar eine Petition an den Reichstag mit prominenten Unterzeichnern wie Sigmund Freud, August Bebel, Albert Einstein, Karl Jaspers oder Thomas Mann eingereicht. Hirschfelds Arbeit und die seiner Mitstreiter hatte schließlich soweit Erfolg, dass im Oktober 1929 im Strafrechtsausschuss des Reichstages die Entscheidung getroffen wurde, Homosexualität nicht mehr zu bestrafen; allerdings kam eine gesetzliche Regelung in den Wirren der letzten Jahre der Weimarer Republik nicht mehr zustande.
Die Nationalsozialisten verschärften 1935 den Paragrafen 175; 5000 bis 15 000 Männer mit dem rosa Winkel, dem Zeichen für schwule Häftlinge, wurden Insassen der Konzentrationslager, über die Hälfte von ihnen starb qualvoll. Die Bundesrepublik behielt den verschärften Nazi-Paragrafen bei, in der Adenauer-Zeit kam es sogar zu mehr Verurteilungen als in den zwölf Jahren des Nationalsozialismus. Die sozial-liberale Koalition reformierte die Rechtslage 1969 entscheidend und erst 2002 wurden die schwulen Opfer der Nazis offiziell rehabilitiert; seit 2008 erinnert ein Denkmal unweit des Holocaust-Mahnmals in Berlin an sie.

Chamberlain hatte als *Postillon d'Amour* bereits vorher erfolglos um zwei Damen, die Pragerin Lucy Laube und die schwedische Sopranistin Agnes Hanson, geworben. Umso dringlicher bat seine Schwester Eva den Bruder, als er bereits um seine zukünftige Gattin warb: »Finde also Dein Katerlieschen und bringe junges Leben in unser teures Wahnfried! 'S ist Zeit!« Sein »Katerlieschen« – so der Name einer Figur aus Siegfrieds Märchenspiel *An allem ist Hütchen schuld* – wurde schließlich das englische Waisenkind Winifred Williams.

Winifred wurde am 23. Juni 1897 im Seebad Hastings in der Grafschaft Sussex geboren. Ihr Vater, ein Schriftsteller, verstarb, als sie zwei Jahre alt war. Ihre Mutter verschied ein Jahr später. Nach mehreren unglücklichen Aufenthalten in Waisenhäusern und bei Verwandten kam Winifred als 10-Jährige in den Haushalt des deutschen Ehepaares Klindworth, das entfernt mit ihrer Mutter verwandt war. Das Ehepaar war damals 70 und 77 Jahre alt, der alte Karl Klindworth war seit 1855 mit Wagner befreundet gewesen und hatte dessen Partituren für Klavier eingerichtet; immer noch hielt er Kontakt mit Bayreuth und Cosima, mit der er ausgiebig korrespondierte. Auch war er ein Nationalist und Antisemit; die junge Winifred war also künstlerisch wie weltanschaulich für Wahnfried passend vorgeprägt. Es klingt erstaunlich, aber das kleine Mädchen, das bisher wegen seiner Wildheit überall aneckte, scheint dem alten Ehepaar schnell ans Herz gewachsen zu sein: Aus einem geplanten sechswöchigen Erholungsaufenthalt wurde schließlich eine Adoption.

Karl Klindworth nahm Winifred erstmals 1914 zu den Generalproben in Bayreuth mit. Diese waren damals nicht öffentlich und nur für privat eingeladenes Publikum zugänglich. Hier trafen Siegfried Wagner und die damals 17-Jährige aufeinander; Winifred verliebte sich nach eigener Aussage sofort in den Sohn des Mannes, für dessen Musik sie schon seit Jahren schwärmte. Nach Kriegsausbruch dirigierte Siegfried mehrere Benefizkonzerte für das Rote Kreuz in Berlin und besuchte dabei die Klindworths und Winifred. Im Juli 1915 kam es zur Verlobung. Am 22. September 1915 wurde das Paar in Wahnfried getraut. Es musste schnell gehen, damit die alte und kranke Cosima noch die Enkelkinder begrüßen konnte. Nach der Geburt Wielands 1917 – des lang ersehnten Stammhalters – spiel-

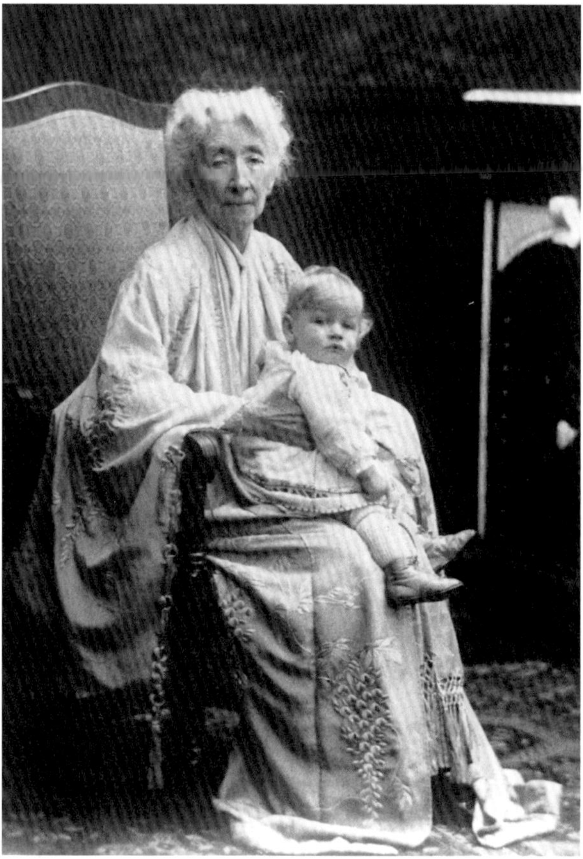

Cosima Wagner mit Enkelkind Wieland. – Fotografie, 1918.

te sie erstmals seit Wagners Tod ein paar Takte des Siegfriedidylls am Flügel. Fast liest es sich wie ein Märchen: Das junge Waisenmädchen trifft ihren Traumprinzen.

Indes hatte Wahnfried viel mit einem verwunschenen Schloss gemeinsam: Seit Wagners Tod hatte sich an der Einrichtung des Hauses nichts verändert, und im ersten Stock residierte die Hohe Frau Cosima, eine ebenso gespenstische wie königliche Erscheinung mit ihrem schlohweißen Haar. Sie übte mit der jungen Winifred Französisch und ließ sie jeden Tag Staub

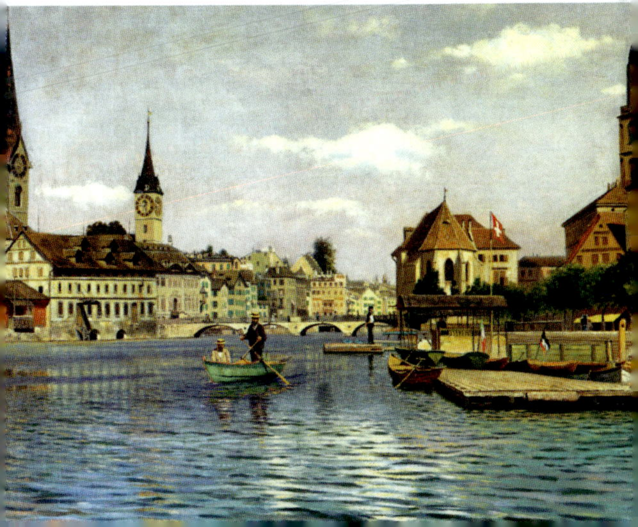

kleine bayerische biografien

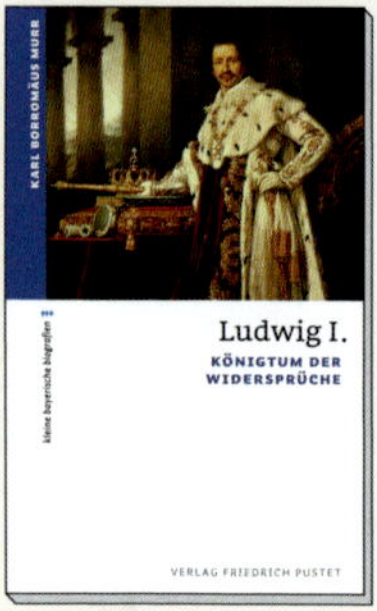

Karl Borromäus Murr

Ludwig I.

Königtum der Widersprüche

Der Autor misst die in den verschiedenen königlichen Denkmälern formulierten Ideale an der realpolitischen Leistung Ludwigs I. Im Ergebnis zeigt sich überraschend ein Königtum voller Widersprüche.

144 S., zahlreiche z.T. farb. Abb., kartoniert,
ISBN 978-3-7917-2416-4
€ 14,90 (D) / € 15,40 (A) / SFr 23,50

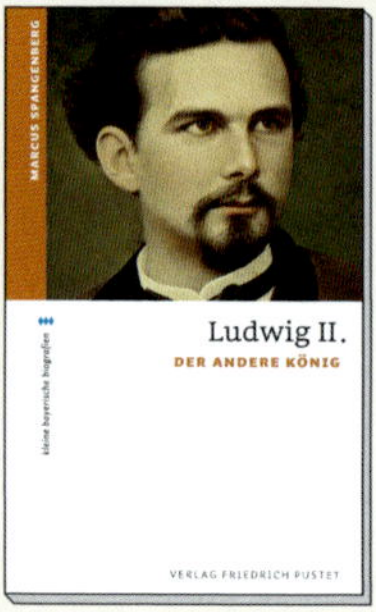

Marcus Spangenberg

Ludwig II.

Der andere König

König Ludwig II. von Bayern bleibt bis heute in vielen Bereichen ein Mysterium. Die Biografie bietet überraschende Einblicke und Deutungen.

176 S., 22 z.T. farb. Abb., kartoniert,
ISBN 978-3-7917-2308-2
€ 14,90 (D) / € 15,40 (A) / SFr 23,50

Josef Memminger
Karl Valentin
Der grantige Clown
160 S., 23 Textabb., kartoniert, ISBN 978-3-7917-2309-9
€ 12,90 (D) / € 13,30 (A) / SFr 20,50

Peter Morsbach
Die Brüder Asam
Vom Leben im Theater der Kunst
152 S., 26 z.T. farb. Abb., kartoniert, ISBN 978-3-7917-2353-2
€ 14,90 (D) / € 15,40 (A) / SFr 23,50

Marita A. Panzer
Lena Christ
Keine »Überflüssige«
133 S., 22 Textabb., kartoniert, ISBN 978-3-7917-2307-5
€ 12,90 (D) / € 13,30 (A) / SFr 20,50

Marcus Junkelmann
Tilly
Der Katholische Feldherr
120 S., 22 Textabb., kartoniert, ISBN 978-3-7917-2354-9
€ 12,90 (D) / € 13,30 (A) / SFr 20,50

wischen. Auch mit den Schwägerinnen verband sie kein besonders herzliches Verhältnis. Doch Winifred gelang es, sich durchzusetzen, und sie wurde bald zur Herrin im Haus. Einerseits hielt Siegfried – auch wenn er Streitereien aus dem Weg ging – meist zu seiner Frau, andererseits hatte sie sich Respekt verschafft, als sie für den lang ersehnten Nachwuchs sorgte. Auf Wieland folgten 1918 Friedelind, 1919 Wolfgang und 1920 Verena. Die Kinder wuchsen unter den Augen der Eltern frei und ohne den Drill Cosimascher Prägung auf. Einer der sympathischen Züge Winifreds war auch ihre zupackende Art, mit der sie sich in der schwierigen Nachkriegszeit um ihre Familie kümmerte, beispielsweise indem sie Wahnfrieds Rasen in einen Kartoffelacker verwandelte – immerhin der gleiche Garten, in dem die Gebeine des Meisters ruhten, was bei Wagnerianern zu Empörung führte. Winifred nahm auch eine unterstützende Rolle an der Seite ihres Mannes ein: Sie korrespondierte mit Freunden und Unterstützern aus aller Welt, begleitete ihren Mann auf Reisen und organisierte das Personal im Festspielhaus.

Während des Krieges widmete sich Siegfried seinen Kompositionen und dirigierte mehrere Konzerte, um Geld zu verdienen. Die Wagners waren Anhänger eines »Siegfriedens«, also eines Friedensschlusses erst nach einem Sieg des Deutschen Reiches, in dem dieses die Bedingungen diktieren konnte – im Gegensatz zum »Verständigungsfrieden«, den Sozialdemokraten und Liberale befürworteten. »Mit Begeisterung sind wir hier der Vaterlandspartei beigetreten«, ließ Cosima 1917 den Fürsten Hohenlohe-Langenburg wissen. Als nach der Niederlage Deutschlands die Republik geschaffen wurde, glaubten die Wagners wie so viele an die »Dolchstoßlegende«, nach der das im Felde unbesiegte Heer einer Verschwörung von Linken und Juden zum Opfer gefallen war. Von Anfang an zählte sich die Familie zu den erklärten Gegnern der neuen Republik. Als der linke bayerische Ministerpräsident Kurt Eisner in München von dem Grafen Arco-Valley ermordet wurde, schrieb Cosima: »Ich werde unterbrochen durch Glockenläuten, und zwar für den galizischen Semiten.« Damit nicht genug: »In meinen Augen ist Graf Arco ein Märtyrer.«

Die immensen Schulden und die galoppierende Inflation in den Anfangsjahren der Weimarer Republik verhinderten eine rasche Wiederaufnahme der Festspiele. Die Inflation hatte die Familie finanziell ruiniert. Mit dem alten Freund der Familie, Adolf von Gross, der nach dem Tod des »Meisters« für die finanzielle Sicherheit der Wagners und der Festspiele gesorgt hatte, war man zerstritten, Siegfried musste nun auch trockene Zahlen studieren. Außerdem komponierte er weiterhin und schrieb Libretti. Auch die Gründung einer »Deutschen Festspielstiftung« 1921 brachte nicht den erhofften Erfolg. An dem Spendenaufruf lässt sich auch nachvollziehen, wo die Familie Wagner schon in den frühen Jahren der Weimarer Republik politisch stand: Bayreuth schaffe den Rahmen, um »das Bewusstsein des Deutschtums in der reinen Atmosphäre des deutschesten Kunstwerkes zu heben und zu stärken«. 1922 schrieb Siegfried, dass man es in Bayreuth vermied, über Politik zu sprechen. Das stimmt sicherlich, wenn man unter Politik das »langsame Bohren starker Bretter mit Geduld und Augenmaß« (Max Weber) versteht. In Wahnfried betrieb man Politik eher mit dem Holzhammer, Siegfried äußerte sich privat stets antisemitisch – nicht zuletzt machte er die Linken, Juden und Demokraten für seinen Misserfolg als Komponist verantwortlich. In der Öffentlichkeit verhielt er sich vorsichtiger und lavierte zwischen den Völkischen und den Republikanern. Er brauchte Geld, auch das der Juden: »Auf unserem Festspielhügel wollen wir positive Arbeit leisten, keine negative. Ob ein Mensch Chinese, Neger, Amerikaner, Indianer oder Jude ist, das ist uns völlig gleichgültig«, lautete eine seiner offiziellen Erklärungen.

Siegfried verdiente den Unterhalt seiner Familie durch Konzert- und Operndirigate, reiste dazu durch ganz Deutschland und unternahm von Januar bis März 1924 eine Amerikareise, deren finanzieller Ertrag jedoch weit hinter den Erwartungen zurückblieb. Auch war die amerikanische Presse bereits über die Verbindung der Wagners zu Hitler informiert, mit dem sie seit 1923 befreundet waren. In Amerika gab Siegfried Konzerte und warb auf Empfängen und in Interviews für Bayreuth. Winifred schrieb über ein Konzert anlässlich Wagners Todestages 1924 in der New Yorker Carnegie Hall: »Die Leute applaudierten wie toll nach jeder Wagner-Nummer. Fidi, der das vorletzte Stück dirigierte, wurde stürmisch begrüßt, dirigierte das ›Idyll‹ so schön, dass viele Leute weinten, und wusste sich am Schluss vor Hervorrufen nicht zu retten.« Doch trotz dieser partiellen Erfolge blieb nach Abzug der Spesen ein Gewinn von läppischen 8000 Dollar. Den Misserfolg hat Siegfried mit seiner täppischen Herangehensweise selbst verursacht. Diplomatisches Ungeschick bei Abendgesellschaften, bei denen er aus seiner Bewunderung für Hitler und seinem Antisemitismus keinen Hehl machte, verdarben alle Aussichten auf Spendeneinnahmen von reichen jüdischen Amerikanern. Ein Autor schildert eine Episode während Siegfrieds Amerikareise 1924, die dessen politische Ungeschicklichkeit unterstreicht: Siegfried soll gesagt haben, »daß es bedauerlich sei, daß ein Mann wie Otto-H. Kahn, der bekannte amerikanische Bankier und Kunstmäzen, für Bayreuth nichts spenden wolle, solange in Bayern Pogromstimmung herrsche. ›Wenn man ihm doch nur begreiflich machte‹, seufzte er, ›daß das nur Verleumdungen der jüdischen Presse sind‹!!!« Dieser Satz, »wie ihn kaum ein Komödienschreiber erfinden könnte«, wirft in der Tat ein erhellendes Licht auf Siegfrieds Charakter. Die Wagners fuhren außerdem mit Hitlers inoffiziellem ›Außenminister‹ und Spendensammler Kurt Lüdecke zu Henry Ford, um bei dem reichen Antisemiten und Autor des Buches *Der internationale Jude* um Geld für die deutschen Nationalsozialisten zu bitten, allerdings wohl erfolglos. Auf dem Heimweg von Amerika kamen die Wagners außerdem in den Genuss einer Audienz bei Benito Mussolini. Siegfried schrieb: »Alles Wille, Kraft, fast Brutalität. Fanatisches Auge, aber keine Liebeskraft darin wie bei Hitler und Ludendorff. Romane und Germane!«

HITLER ALS WAGNERIANER

Das noch heute existierende Bild von Richard Wagner als Hitlers »Hofkomponist«, das bis heute beispielsweise einen inoffiziellen Boykott seiner Musik in Israel zur Folge hat, rührt nicht etwa daher, dass Wagner der ideologische Wegbereiter der Nazis gewesen wäre, sondern von der NS-Affinität seiner Nachkommen, insbesondere deren enger Freundschaft mit dem Wagnerianer Adolf Hitler. Das erste Mal war dieser anlässlich des »Deutschen Tages«, einer bayernweiten Propagandaveranstaltung, im September 1923 in Bayreuth. Inflation, Ruhrbesetzung durch Frankreich und innere politische Unruhen prägten die Lage in Deutschland zu diesem Zeitpunkt. Der damals schon erkrankte Chamberlain schreibt in seinem Tagebuch: »Festumzüge Vor- u. Nachm. v. Fenster u. Terrasse miterlebt, Mama zugegen!« Nach der Veranstaltung erhielt der »Rassenguru« Besuch von Hitler. Der alte Chamberlain war schwer beeindruckt von dem damals 34-jährigen Hitler und schrieb ihm einen Monat später: »Sehr geehrter und lieber Herr Hitler, Sie sind ja gar nicht, wie Sie mir geschildert worden sind, ein Fanatiker … Der Fanatiker erhitzt die Köpfe, Sie erwärmen die Herzen. Der Fanatiker will überreden, Sie wollen überzeugen, nur überzeugen … Sie haben Gewaltiges zu leisten vor sich, aber trotz Ihrer Willenskraft halte ich Sie nicht für einen Gewaltmenschen. Sie kennen Goethes Unterscheidung von Gewalt und Gewalt! Es gibt eine Gewalt, die aus dem Chaos stammt und zu Chaos hinführt, und es gibt eine Gewalt, deren Wesen es ist, Kosmos zu gestalten.« Nach dem Besuch bei Chamberlain besuchte Hitler einen Empfang, den das reiche Ehepaar Bechstein für ihn gab. Hier traf er das erste mal auf Winifred Wagner, die ihn spontan einlud: »Meine jugendliche Begeisterung kannte damals keine Grenzen, und A. H. hatte wohl seine helle Freude daran, denn er folgte am Tage darauf meiner Einladung, nach Wahnfried zum Frühstück zu kommen.« Womöglich verliebte sich die damals 26-jährige Winifred augenblicklich in Hitler – damit ließe sich ihre bis zum Lebensende durchgehaltene Hingabe an den Diktator erklären.

Hitler seinerseits war seit seiner Jugend von Wagner begeistert. Es fügt sich in das Bild, dass der Mythos Wagner offensichtlich gerade auf Außenseiter und Entwurzelte eine hohe Anziehungskraft ausübte. Cosima war genau genommen französisch-ungarischer Abstammung, Chamberlain hatte eine französische Mutter und einen englischen Vater. Winifred Wagner, die Frau Siegfrieds und eine Freundin von Adolf Hitler, war ein in Deutschland aufgewachsenes englisches Waisenkind. In diese Reihe passt auch der Postkartenmaler Hitler, der im Vielvölker-Wien der späten Habsburgerzeit um seine Existenz kämpfte. Es war zum einen die Vorstellung von Genie und Künstlerfürsten, die ihn ansprach, und zum anderen der Kampf der Außenseiter mit der Gesellschaft – Rienzi, Lohengrin, Tannhäuser oder Stolzing –, die seine eigene Auseinandersetzung widerzuspiegeln schienen. Hinzu kam Hitlers theatralische Beziehung zur Welt, die mythische Umdeutung der Politik und die Freude am Rausch und am Massenhaften. Gleichzeitig war Hitlers Wagner-Rezeption eklektisch und eher künstlerischer denn ideologischer Natur. Er zitiert Wagner nie, und auch in *Mein Kampf* erwähnt er ihn nur zwei Mal beiläufig. Hitler begeisterte sich für den Pathos und bestimmte Aspekte des Werkes, als Theoretiker hat Wagner ihn nicht inspiriert. Es findet sich in den bekannten Texten Hitlers kein Bezug auf Wagners Antisemitismus. Dessen Rezeption erfolgte indirekt über die radikalisierte und systematisierte Ausarbeitung des Bayreuther Kreises – hier natürlich in erster Linie Chamberlains.

In den frühen 1920ern strebte Hitler auch nach Kontakten zum höheren Bürgertum, um seiner »Krawallpartei« den Anstrich der Seriosität zu geben. Ein Besuch bei den Wagners kam da nur gelegen, in Wahnfried gab er sich als interessierter, unpolitischer Besucher. Hitler betrat die Villa am 1. Oktober 1923 zum ersten Mal. Er glänzte mit seinen Kenntnissen über Wagner und stand ehrfürchtig alleine am Grab Richards. Auch mit Siegfried verstand er sich, man ging bald zum Du über. An den Maler Franz Stassen schrieb Siegfried danach: »Als der Führer zum erstenmal nach Bayreuth kam, gewann er sich als Mensch und deutscher Helferich in Wahnfried alle Herzen.« Siegfried hegte Sympathien für Hitler, dem vehementen Engagement seiner Frau Winifred für ihn und die Nationalsozialisten folgte er allerdings nicht. Hitler selbst bezeichnete Siegfried in seinen »Tischgesprächen« als politisch passiv.

Am 9. November 1923, dem 5. Jahrestag der Republik, die von Scheidemann und Liebknecht ausgerufen worden war, erfolgte der Hitler-Ludendorff-Putsch in München. Am Abend des 8. November war Hitler mit gezogener Pistole in eine nationale Kundgebung der bayerischen Regierung im Bürgerbräukeller eingedrungen und hatte die Revolution ausgerufen. Die anwesenden Machthaber erklärten ihre Zustimmung, machten diese aber am nächsten Tag rückgängig und erklärten, dass Hitler und seine Gefolgsleute als Verräter zu betrachten seien. 2000 Putschisten zogen vom Bürgerbräukeller in Richtung Ludwigstraße, wo sie sich mit den Kameraden um Ernst Röhm vereinigen wollten, was später als »Marsch auf die Feldherrenhalle« deklarierten wurde. In der Residenzstraße kam es zum Schusswechsel mit der bayerischen Polizei: 16 Nationalsozialisten und drei Polizisten starben. Gustav von Kahr, zu diesem Zeitpunkt Generalstaatskommissar mit diktatorischen Vollmachten in Bayern, war von da an ein Objekt des Hasses für alle Hitler-Anhänger. 1934 wurde er im Konzentrationslager Dachau ermordet.

Das Ehepaar Wagner war im November 1923 vor Ort, weil Siegfried am 10. ein Konzert in der bayerischen Hauptstadt dirigieren sollte. So erlebte es die Ereignisse aus nächster Nähe mit. Siegfried Wagner schrieb: »Am 8. und 9. November erlebten wir in München in der Nähe die ganzen Ereignisse. Himmelhoch jauchzend, zu Tode betrübt. So ein schändlicher Verrat ist noch nie geschehen! Gegen solche Gemeinheit ist allerdings ein so reiner Mensch wie Hitler und Ludendorff nicht gefeit. Der Deutsche kann so etwas nicht fassen! – Und diese Zwietracht in den Reihen der Nationalen. Es ist zum Verzweifeln. Eitelkeit, Bockbeinigkeit, nur nie Eintracht. Da hat's der Jud und der Pfaff leicht.«

Winifred reiste sofort nach Bayreuth, wo sie den örtlichen Nationalsozialisten von den Vorgängen berichtete. Sie organisierte Hilfe für die Familien inhaftierter Nazis – die NSDAP war am 23. November im gesamten Reich verboten worden – und forderte in einem offenen Brief Hitlers Freilassung. »Seit Jahren verfolgen wir mit größter innerer Teilnahme und Zustimmung die aufbauende Arbeit Adolf Hitlers, dieses deutschen Mannes, der, von heißer Liebe zu seinem Vaterland erfüllt, seine Leben seiner Idee eines geläuterten, einigen, nationalen Großdeutschlands zum Opfer bringt ... Seine Persönlichkeit hat auf jeden, der mit ihm in Berührung kommt, auch auf uns einen tiefen, ergreifenden Eindruck gemacht, und wir haben begriffen, wie ein solch schlichter, körperlich zarter Mensch eine solche Macht auszuüben fähig ist. Diese Machte ist begründet in der moralischen Kraft und Reinheit dieses Menschen, der restlos eintritt und aufgeht für eine Idee, die er als richtig erkannt hat, die er mit Inbrunst und Demut einer göttlichen Bestimmung zu verwirklichen versucht.« Hitler selbst ließ sie in der Haft, deren äußere Umstände ihm nicht sonderlich zusetzten, zahlreiche Geschenke zukommen; der Legende nach stammte das Papier, auf dem er *Mein Kampf* verfasste, aus der Villa Wahnfried. Siegfried missfiel dies keineswegs: »Meine Frau kämpft wie eine Löwin für Hitler! Großartig!«

Später besuchte Duzfreund »Wolf« – eigentlich ein Deckname Hitlers – die Wagners regelmäßig. Winifred schwärmte noch Jahrzehnte später, ihre Kinder hätten ihn »als guten Onkel betrachtet, und er hat sich hier auch als ein solcher aufgeführt.« Auch Tochter Friedelind erinnert sich: »Zuweilen kam Hitlers Wagen nach Mitternacht angefahren, und er schlich sich heimlich ins Haus. So spät es auch war, er versäumte nie, ins Kinderzimmer zu kommen und uns grausige Geschichten von seinen Abenteuern zu erzählen. Wir vier hockten im Halblicht auf unseren Kissen und lauschten, von Gänsehaut überlaufen.« Auch wenn das enge Verhältnis zwischen Hitler und den Wagners nach außen verdeckt wurde, besuchte er die Familie so oft er konnte.

DIE FESTSPIELE IN DER WEIMARER REPUBLIK

Ab 1923 stabilisierten sich die Währungsverhältnisse in Deutschland, so dass die Pläne für eine Wiederaufnahme endlich konkret werden konnten. Die Weiterführung der Festspiele wurde für das Jahr 1924, nach der Rückkehr der Wagners von ihrer Amerika-Reise, beschlossen.

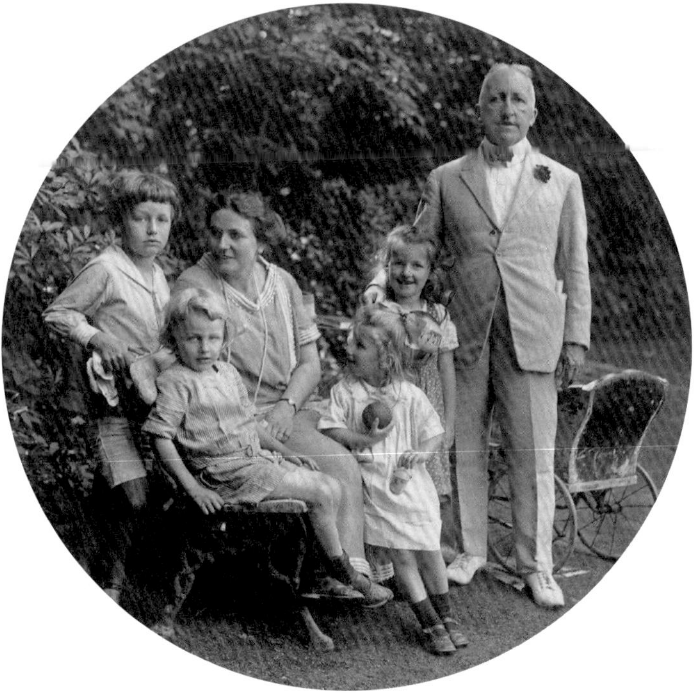

Siegfried Wagner mit seiner Familie. – Fotografie, um 1924.

Auch während Hitlers Haft blieben die Wagners dem völkischen Lager verbunden. Am 26. April 1924 hielt Ludendorff in Bayreuth eine Rede auf einer völkischen Versammlung und besuchte dabei auch die Wagners in Wahnfried. Hitler schrieb aus seiner Haft einen Dankesbrief an Siegfried, nachdem die Völkischen einen Wahlerfolg errungen und in Bayreuth mehr Stimmen als die SPD erhalten hatten. Die Linken, Republikaner und Juden wandten sich von Bayreuth ab.

Für Siegfried kamen jedoch die Festspiele vor der Politik. Um den Kartenverkauf nicht zu gefährden, schrieb er einen freundlich gemeinten Brief an den Bayreuther Rabbiner Falk Salomon, der vor Ungeschicklichkeiten und rassistischen Untertönen allerdings nur so strotzte: »Nehmen sie doch den Fall an: Im alten Reich Israel würde ein fremdes Volk eingewandert sein, die Juden hätten ihm die Bürgerrechte gegeben, hätten es teilnehmen lassen an allem. Was würden die Juden gesagt haben, wenn sie merkten, daß die Einwanderer ihre eigene Religion, ihren Priesterstand, ihr Heer, ihre sonstigen Institutionen verhöhnten und untergruben. Sie hätten sich doch zur Wehr gesetzt.« Der Brief schließt mit einem vermeintlichen Kompliment an den immerhin reinrassigen Rabbiner: »Ich habe es jedenfalls viel lieber mit reinrassigen Juden zu tun, als mit diesen Halbnaturen.« Der Rabbiner wies diese Ausführungen freundlich distanziert zurück: »Angehörige Ihrer Familie tragen das Hakenkreuz. Ihre Familie soll ... die völkischen Parteien mit reichen Mitteln unterstützen. Kann es da Wunder nehmen, wenn aufrechte Männer und Frauen jüdischen Glaubens im In- und Auslande sich der Wagnerschen Sache gegenüber Zurückhaltung auferlegten und nicht Mittel zur Verfügung stellen wollen, von denen sie fürchten müssen, daß sie gar indirekt der völkischen Bewegung zufließen?«

1924 gab man die *Meistersinger*, *Parsifal* und den *Ring* in der Vorkriegsdekoration. Die Musiker und Sänger spielten ohne Gage, sondern erhielten nur einen Ersatz für ihre Spesen. Der überzeugte Demokrat Fritz Busch, Operndirektor in Dresden, sagte aus Wagnerbegeisterung seine Mitwirkung zu. Er war das demokratische Feigenblatt einer ansonsten völkischen Veranstaltung. Wie zu erwarten war, geriet die Eröffnung zu einer Manifestation des Nationalismus. Der Kriegsheld Ludendorff wurde während seines Besuches der Festspiele gefeiert, es wehte die schwarz-weiß-rote Fahne der Republikgegner auf dem Festspielhaus. Der Korrespondent des SPD-Blattes *Vorwärts* beschrieb das Publikum der ersten Festspiele nach dem Weltkrieg dementsprechend: »Feierlich, geschniegelt, Frack, große Toilette, national und konservativ bis ins (Haken-)Kreuz hinein, kritiklos jubelnd ... Eine unsichtbare Regie hat dafür gesorgt, daß der Nimbus des Festspiels vom Künstlerischen ins Politische umschlug.« Das politisch homogene Publikum war weitgehend unter sich und zelebrierte »seinen« Wagner.

Siegfried wurde es dann doch zuviel, er war erschrocken, als nach der Aufführung der *Meistersinger* im Publikum das

Deutschlandlied gesungen wurde und ließ Zettel verteilen: »Das Publikum wird herzlich gebeten, nach Schluss der Meistersinger nicht zu singen. Hier gilt's der Kunst!« Der Leiter der Festspiele war in einem Dilemma: Einerseits wollte er dem eigenen völkischen Lager entsprechen, andererseits waren die Festspiele gefährdet, wenn sie zu einer bloßen nationalistischen Propagandaveranstaltung verkämen. Auch zu dieser Zeit gab es liberale Wagnerianer, das Interesse für Wagners Musik ging niemals automatisch einher mit nationalistischen Untertönen. Doch das Interesse dieses Teils des Publikums an den Festspielen drohte zu erlöschen. Thomas Mann schrieb: »Wagner wird niemals aufhören, mich zu interessieren ... Aber Bayreuth, wie es sich heute darstellt, interessiert mich gar nicht, und ich muß glauben, auch die Welt wird es nie wieder interessieren.« Erich Ebermayer beschrieb den Bayreuther Geist der 1920er-Jahre später: »Wer in jenen Jahre mit dem Geist des Hauses ›Wahnfried‹ in irgendeine Berührung kam, mußte erschrecken von der Enge des politischen Horizonts, der einem hinterpommerschen Gutshof eher gemäß gewesen wäre, als den Nachfahren Richard Wagners.« Völkisches Gedankengut und Antisemitismus ließen die Festspiele nach außen als eine provinzielle Veranstaltung erscheinen, weit entfernt vom internationalen Ruf und Publikum der Jahre vor dem Ersten Weltkrieg. Provinzialität strahlten auch die veralteten Bühnenbilder aus, die noch aus Lebzeiten Richard Wagners stammten und die geflickten, jahrzehntealten Kostüme. Bayreuth konnte sich künstlerisch mit großstädtischen Wagner-Bühnen nicht messen.

Nach der Wiedereröffnung der Festspiele 1924 stand Siegfried nur noch einmal am Dirigentenpult, vorher hatte er pro Saison meist ein Werk dirigiert. Bei der Organisation der Festspiele griff Winifred ihrem Mann tatkräftig unter die Arme. Sie war dank ihrer zupackenden Art für die etwas rauere Arbeit zuständig. Anlässlich eines Besuches einer hohen Funktionärin eines Wagner-Vereins beispielsweise musste sie anwesend sein, »da braucht mich Siegfried zum Brüllen – alleine macht ihn das zu kaputt«. Daneben war sie – immerhin als erste Frau in Bayreuth, die einen Führerschein hatte – die Chauffeurin ihres Mannes. Während der Probenarbeiten fungierte sie als Siegfrieds Megaphon und gab dessen Anweisungen aus dem Zuschauerraum auf die Bühne weiter, was ihr den Spitznamen »Sopranposaune« eintrug.

Siegfried verbot seiner Frau ein Treffen mit Hitler kurz nach dessen Haftentlassung 1924, um Aufsehen zu vermeiden. Stattdessen fuhr Winifred nach München, wo sie im Publikum im Bürgerbräukeller am 27. Februar 1925 der Neugründung der NSDAP durch Hitler beiwohnte. Danach fuhr dieser mit Winifred nach Plauen, wo er einer Aufführung von Siegfrieds Oper *Schwarzschwanenreich* beiwohnen wollte, und um sich bei ihm für dessen Hilfe während der Haft zu bedanken. Man legte Station in Wahnfried ein. Am nächsten Tag traf die Nachricht vom Tod des SPD-Reichspräsidenten Friedrich Eberts ein: Wegen der Staatstrauer blieben die Theater geschlossen, so dass man kehrt machen musste. Stattdessen besuchten die Wagners später Hitler in München. Im April 1925 wurde der rechtskonservative Hindenburg zum Nachfolger Eberts gewählt.

Um die Festspiele 1925 nicht wieder zu einer völkischen Veranstaltung werden zu lassen, schrieb Siegfried in einem offenen Brief: »Es liegt mir sehr am Herzen, daß die diesjährigen, wie alle kommenden Festspiele in Bayreuth losgelöst von jeder Tagespolitik stattfinden und daß sie im Geist der Stifter, lediglich dem hehren Zweck der Kunst zu dienen, bestimmt bleiben. Von meiner Seite aus ist alles geschehen, um sicherzustellen, daß die Bayreuther Tage frei von jedem politischen Einschlag bleiben, und es wird jeder, welchen Glaubens und welcher Abstammung er auch sei, in Bayreuth willkommen sein, der dort Erbauung und Erhebung finden will.« Siegfried wollte und musste zwischen Liberalen und Juden auf der einen und den Völkischen auf der anderen Seite hindurchlavieren. Hitler, der seinen Besuch der Festspiele bereits vorher zugesagt hatte, verhielt sich dementsprechend unauffällig. Später erinnerte er sich: »Ich wollte eigentlich nicht hin, ich sagte mir, die Schwierigkeiten würden für Siegfried Wagner dadurch noch größer werden, er war ein bißchen in der Hand der Juden.« Er logierte als Gast der Bechsteins in Bayreuth und gab sich ganz »zivil«. Er besuchte den *Ring*, die *Meistersinger* und den *Parsifal*. Begleitet wurde er von Franz von Epp und Ernst Röhm. Die gute Laune wurde nur getrübt dadurch, dass der Jude Friedrich Schnorr den Wotan sang. »Rassenschande!«, ereiferte sich Hitler. Weil auch weiterhin Juden bei den Festspielen sangen, blieb Hitler in den späteren Jahren den Festspielen fern und sollte sie erst 1933 zum zweiten Male besuchen.

Den Kontakt zu den Nationalsozialisten hielt Winifred; Siegfried war indifferent, blieb im Hintergrund. »Aber die Frau Wagner hat immerhin Bayreuth – das ist ihr großes historisches Verdienst – mit dem Nationalsozialismus zusammengebracht«, erinnerte sich Hitler später im Führerhauptquartier. Auch Joseph Goebbels besuchte die Wagners und schrieb nach seinem Besuch in Wahnfried 1926: »Ein rassiges Weib. So sollten sie alle sein. Und fanatisch auf unserer Seite. Herzige Kinder. Wir sind sofort alle Freund. Sie klagt mir ihr Leid. Siegfried ist zu schlapp. Pfui! Soll sich vor dem Meister schämen. Auch Siegfried ist da. Feminin. Gutmütig. Etwas dekadent. So etwas wie ein feiger Künstler.«

Dank der Einnahmen von 1924 konnten die Festspiele 1925 mit technischen Verbesserungen durchgeführt werden. Anstatt der Flagge des Kaiserreiches wurde erstmals die heute noch im Gebrauch befindliche weiße Fahne mit dem roten W während der Festspiele gehisst. 1926 gab es keine Festspiele, dem Brauch der Vorkriegszeit entsprechend, in der diese ebenfalls nicht jedes Jahr stattfanden.

TOD COSIMAS UND SIEGFRIEDS

Cosima starb am 1. April 1930 um 10 Uhr im Alter von 92 Jahren. Ihr letztes Wort galt angeblich Bülow: »Verzeih!« – stets hatte sie Gewissensqualen gehabt, weil sie ihn wegen Wagner verlassen hatte. »Herr von Bülow hätte nie heiraten sollen«, sagte sie noch zu ihrer Schwiegertochter Winifred.

Als am 1. April seine Mutter verstarb, nahm Siegfried das sehr mit. »Er war in einem derartig erregten Zustand, dass ich schon damals befürchtete, dass er eventuell selbst nicht stand-

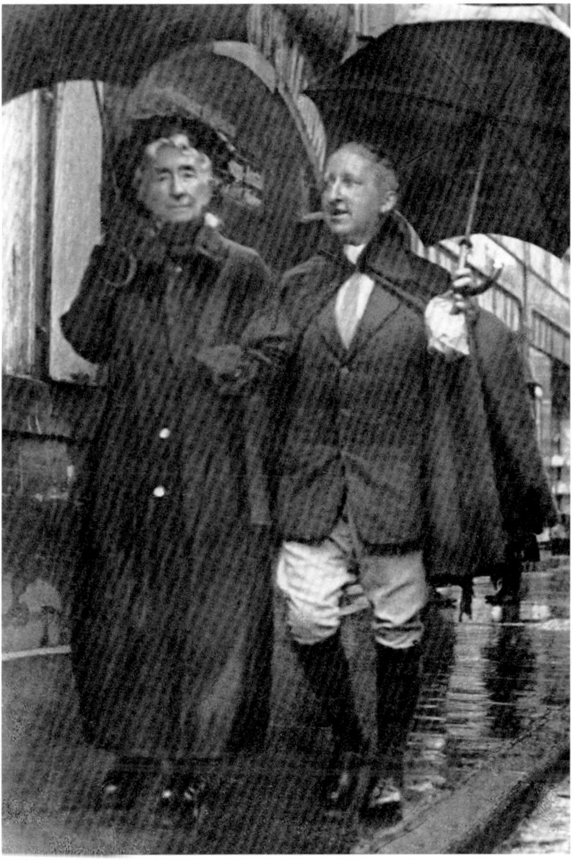

Letzter gemeinsamer Spaziergang von Cosima und Siegfried Wagner durch Bayreuth. – Fotografie, 1930.

halten könnte. Ich habe natürlich absolut den Eindruck, dass der Tod der Mutter bei ihm eine so starke Wirkung hatte, dass er wohl sein an und für sich schon vorhandenes Herzleiden sehr verschlimmert hat«, erinnerte sich Winifred. Siegfried hatte 1930 den kompletten Ring an der Scala in Mailand inszeniert und dirigiert, sicherlich keine geringe Strapaze. Eine Erholungsreise nach Italien, das Siegfried stets geliebt hatte, sollte dazu dienen, neue Kraft für die kommenden Festspiele zu schöpfen, wie er in einem Brief schrieb: »Ich war recht matt in diesen Tagen. Die große Arbeit in Mailand, eine anschließende Grippe, und dann noch die seelischen Erregungen waren die Ursache. Drum will ich mich jetzt mit Wini in Meran erholen, dann an den Lido.«

Die Festspiele 1930 mit der geplanten Neuinszenierung des *Tannhäuser* versprachen Großes. Siegfried beschritt den Weg der Modernisierung, seine letzte Inszenierung sollte am beeindruckendsten werden. Die chronische Finanznot der 1920er-Jahre verhinderte aufwändige Neuinszenierungen, weshalb Winifred heimlich für eine *Tannhäuser*-Spende von 100 000 Reichsmark sorgte, die sie ihrem Mann zum Geschenk machte. Außerdem hatte der gefeierte Dirigent Arturo Toscanini für 1930 zugesagt. Toscanini, damals schon weltberühmt, war der erste nicht deutschsprachige Künstler, der im Nationaldenkmal Bayreuth dirigieren sollte. Gleichzeitig galt er im persönlichen Umgang als schwierig, und auch die Musiker fürchteten Schlimmes, weil Toscanini höchste Qualität und Präzision verlangte und alte eingeschlichene Fehler zu Tage brachte. Er war launisch, genial und exzentrisch. Graf Gravina, der den Dolmetscher spielen musste, wusste zu berichten, dass der temperamentvolle Maestro Ausdrücke gegen das Orchester gebrauchte, die er unmöglich wiedergeben konnte.

Nicht zuletzt die anstrengenden Probenarbeiten und die Sommerhitze führten zu einem Herzinfarkt Siegfrieds. Während der triumphalen Eröffnung der Festspiele mit seinem *Tannhäuser* lag er im Krankenhaus, Winifred an seiner Seite. Siegfried starb am 4. August 1930. Das Begräbnis geriet zum Staatsakt: Die Glocken der Bayreuther Stadtkirche läuteten, der Gottesdienst wurde mit Eintrittskarten vor Überfüllung geschützt. Gespielt wurde nur Musik von Bach. Nicht nur der Oberbürgermeister und der Regierungspräsident, sondern auch alte Wagnerianer und stramme Rechte fanden sich am Grab ein: der Zar Ferdinand von Bulgarien, Prinz August Wilhelm von Preußen, Angehörige des Deutschen Offizierbunds und des Alldeutschen Verbandes. Winifred sollte nach Wunsch Siegfrieds die Leitung der Festspiele übernehmen.

4 Winifred Wagner – Der Grüne Hügel als Hitlers Bühne

DIE JUNGE CHEFIN

Winifred brachte die Festspiele des Jahres 1930 zu Ende: »Um acht Uhr am Morgen nach Vaters Tod saß Mutter an seinem Schreibtisch im Festspielhaus und übernahm seine Arbeit«, schrieb Tochter Friedelind. Wie schon nach dem Ableben Richard Wagners war es eine resolute Witwe, welche die Zügel in die Hand nahm. Winifred war laut Siegfrieds Testament die einzige Erbin und damit Eigentümerin des Festspielhauses. Im Falle ihres Todes oder einer Wiederverheiratung sollten die vier Kinder zu gleichen Teilen das Erbe übernehmen. Siegfried bevorzugte also keines seiner Kinder, und mit der Heiratsregelung wollte er womöglich eine Ehe zwischen Winifred und Hitler verhindern, für den sie in den 1920er-Jahren sehr geschwärmt hatte.

Winifred sah sich als gerade einmal 33-jährige Witwe mit vier Kindern einer gewaltigen Aufgabe gegenüber. Zwar hatte sie als Mitarbeiterin ihres Mannes einen tiefen Einblick in den Festspielbetrieb erhalten können, doch darüber hinaus fehlte ihr die professionelle Erfahrung, um diese auch in Zukunft und dauerhaft zu sichern. Da sie sich dieser Tatsache selbst bewusst war, suchte sie kompetente Mitarbeiter und konnte bereits für die ersten Festspiele ohne Siegfried 1931 ein beeindruckendes Team zusammenstellen. Entscheidend sollte die Tätigkeit Heinz Tietjens werden. Dieser war Leiter der Deutschen Oper Berlin, der Krolloper und der Staatsoper Unter den Linden und seit 1927 zudem Generalintendant aller Preußischen Staatstheater – er war mit Abstand der einflussreichste Theatermann der damaligen Zeit. Bereits Siegfried hatte ihn im Falle seines Ablebens seiner Frau ans Herz gelegt. Tietjen schrieb auf Winifreds Anfrage nach seiner Mitarbeit erfreut: »Der Gedanke, daß mein Jugendtraum in Erfüllung gehen könnte, am Bayreuther Werk mithelfen zu dürfen, läßt mich alle Tagessorgen ... vergessen.« Er fungierte zunächst als Berater, ab 1933 offiziell als künstlerischer Leiter. Tietjen war nicht nur ein überaus kompetenter Theaterfachmann, sondern auch ein Großmeister der Intrige, der erfolgreich zwischen den politischen Lagern lavierte und lieber im Hintergrund die Fäden zog. Von den Nazis als Linker angesehen, hatte er sich schon vor 1933 mit Kontakten nach rechts abgesichert. Hermann Göring hatte ihm bereits 1932 im Falle einer Machtergreifung seinen Schutz zugesagt. Auch Hitler hielt seine schützende Hand über den erfahrenen Theatermann, auf dessen Sachverstand er nicht verzichten wollte, auch wenn Winifred berichtet, dass zwischen ihm und Tietjen »unüberwindliches Mißtrauen, wenn nicht gar eine offen bekundete Abneigung« herrschte. Auch nach 1945 erlitt der geschickte Tietjen keinen Karriereknick. Dank seines Könnens gelangten die Festspiele auf neue Höhen. Wegen seines Einflusses und weit reichenden Netzwerkes konnte er fast jeden gewünschten Sänger und Dirigenten für Bayreuth gewinnen.

Der Dirigent Wilhelm Furtwängler, seit 1922 Chefdirigent der Berliner Philharmoniker, war für die musikalische Leitung vorgesehen. Er brachte die einem Stardirigenten angemessene Eitelkeit und Empfindlichkeit mit, war aber gleichwohl einer der angesehensten damaligen Dirigenten und für die Festspiele ein ausgesprochen guter Fang. Mit Emil Preetorius, dem berühmtesten Bühnenbildner der damaligen Zeit, war das Team komplett.

1931 sollte Furtwängler *Tristan* dirigieren, Toscanini *Parsifal* und *Tannhäuser*. Schon vor den Festspielen kam es zu Streitigkeiten: Furtwängler tauschte fast die Hälfte des Festspielorchesters aus und engagierte viele von seinen Berlinern Philharmonikern. Er wurde bejubelt, was wiederum Toscanini eifersüchtig machte. Nach weiteren Streitereien schied Toscanini im Unfrieden aus Bayreuth. Trotz allem war das Jahr 1931 ein finanzieller und künstlerischer Erfolg. 1932 fanden keine Festspiele statt.

Furtwängler entpuppte sich in der Folgezeit als wahre ›Diva‹, Winifred entschied sich gegen seine weitere Mitwirkung. Er wollte zu sehr im Mittelpunkt stehen und stritt sich lieber mit

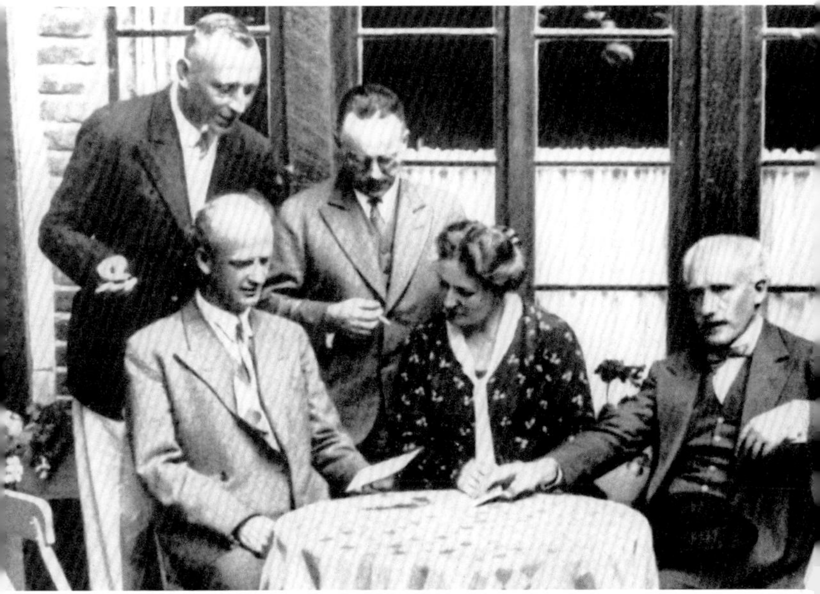

Alexander von Spring, Wilhelm Furtwängler, Heinz Tietjen, Winifred Wagner und Arturo Toscanini (v. l. n. r.) während der Festspiele. – Fotografie, 1931.

der Festspielchefin, anstatt sich ihr unterzuordnen. Stattdessen wurde wieder Toscanini für die Mitarbeit 1933 gewonnen.

Winifred begründete auch die Erschließung neuer Publikumskreise und so etwas wie moderne Pressearbeit (»Propaganda«, wie sie privat meinte). Sie ließ im Festspielhaus einen Balkon für die Presse einbauen und schuf eine neue Garderobe und Büroräume. Sie setzte weitere Modernisierungen durch: Tietjen und Winifred entrümpelten unter der Mitwirkung des Bühnenbildners Emil Preetorius, der sich an Adolphe Appia und den progressiven Inszenierungen der Kroll-Oper der 1920er-Jahre orientierte, die Bayreuther Bühne. »Bayreuth kam durch Tietjen und Preetorius aus der provinziellen Enge der Völkischen heraus und erhielt weltstädtisches Niveau«, schreibt Winifreds Biografin Hamann. Die Altwagnerianer, die sich um Winifreds Schwägerinnen Daniela und Eva scharrten und die gute alte Zeit Cosimas zurücksehnten, waren von den

Modernisierungen Tietjens und Preetorius' entsetzt, doch sie wurden von der neuen Festspielleitung ausmanövriert. Daniela wurde schließlich als Leiterin des Kostümwesens gekündigt.

BAYREUTH ZUR NS-ZEIT

Am 28. Januar 1933 trat der letzte Kanzler der sogenannten Präsidialkabinette zurück, am 30. Januar wurde Hitler als Reichskanzler in ein Kabinett aus Konservativen und Nationalsozialisten berufen. Zu diesem Zeitpunkt war die Weimarer Demokratie schon lange keine mehr; zu lange war durch präsidiale Notverordnungen am Parlament vorbeiregiert worden. In der Nacht des 27. Februar brannte in Berlin der Reichstag; die Brandstiftung wurde Linken in die Schuhe geschoben. Mit der »Verordnung zum Schutz von Volk und Staat« wurden die Grundrechte außer Kraft gesetzt, mit dem Ermächtigungsgesetz – »Gesetz zur Behebung der Not von Volk und Reich« – entmachtete sich das Parlament selbst. Als einzige Partei stimmte die SPD dagegen, die KPD-Abgeordneten saßen bereits in Haft. Damit war für Hitler und die Nationalsozialisten der Weg frei für die legale Errichtung einer Diktatur in Deutschland.

Als Hitler Reichskanzler wurde, war der Jubel in Wahnfried groß. Eva Chamberlain ließ eine Hakenkreuzfahne hissen und lud zum Tee: »Die gehobene Stimmung verlangt nach einer herzlichen Aussprache unter Gesinnungsgenossen! Heil!« Ihr Gatte erlebte die »Machtergreifung« nicht mehr; er war bereits 1927 gestorben. Andere waren weniger begeistert: Toscanini sagte »mit den Gefühlen unveränderlicher Freundschaft für das Haus Wagner« seine geplante Mitwirkung für die Festspiele 1933 ab. Bereits vorher war er in Italien mit dem Mussolini-Regime aneinandergeraten. Ein Schreiben Hitlers, der ihn um seine weitere Mitwirkung bat, wird ihn wohl noch eher in seinem Entschluss, Deutschland den Rücken zu kehren, bestätigt haben. So mussten die Festspiele ohne ihren Star auskommen. Furtwängler war mit Bayreuth immer noch zerstritten. Als Retter in der Not sprang schließlich Richard Strauss als Dirigent ein. Zwar stand er mit den Wagners nicht auf besonders gutem Fuß, doch seine alten Gegner Cosima und Siegfried waren ja schon unter der Erde. Toscanini hingegen sagte bei den Salzburger Festspielen zu, die bald zu einem Zufluchtsort oppositioneller, linker und jüdischer Künstler wurden. Richard Strauss' Werke wurden im Gegenzug an der Wiener Staatsoper boykottiert; gerade im kleinen Österreich herrschte Angst vor den Nazis. Bei den Wagners waren Familienstreitigkeiten aber offensichtlich wichtiger als Politik: Daniela Thode und Eva Chamberlain waren über Winifred dermaßen verbittert, dass sie 1937 zu den »jüdischen« Salzburger Festspielen reisten.

Die Ausländer, deutschen Juden und Liberalen unter den Wagnerfreunden kehrten den Festspielen 1933 rasch den Rücken, der Kartenverkauf ging drastisch zurück. Ein großer Teil des traditionellen Publikums blieb fern, wollte mit den »Hitler-Festspielen« nichts zu tun haben. Die Festspiele standen kurz vor der Pleite: »So beschissen wie dieses Jahr ist es noch nie gewesen, und dabei hatte man sich das Blaue vom Himmel herunter erhofft«, klagte Winifred. Schließlich erwirkte sie finanzielle Zusagen von Hitler. Winifred wollte keine direkten Subventionen – damit konnte sie sich später auch herausreden, dass sie die Unabhängigkeit der Festspiele bewahrt hätte –, sondern verkaufte die liegengebliebenen Karten an das »Reichsministerium für Volksaufklärung und Propaganda«. Damit begann der Abstieg der Festspiele: Das internationale Publikum blieb fern, die Karten wurden von den offiziellen Stellen an verdiente Parteimitglieder und Funktionäre vergeben. Zweifellos waren auch viele interessierte Musikfreunde darunter, aber ein Großteil wollte wohl einfach seinem wagnerbegeisterten »Führer« nahe sein. Man fuhr nach Bayreuth, weil Hitler dort war. »So wurden die Bayreuther Festspiele, von den Künstlern bis zum Publikum, mehr und mehr Staffage für den kenntnisreichen Wagnerianer Hitler, der hier seine privaten Weihestunden mit Wagner feierte«, schreibt die Historikerin Brigitte Hamann.

Winifred gelang es 1933 zunächst, einen Ausschluss jüdischer Künstler aus Bayreuth zu verhindern; tatsächlich konnte sie sich als enge Freundin des »Führers« eine gewisse Unabhängigkeit bewahren, auch wenn ihre Aussage, »Bayreuth bzw. also unsere Aufführungen ... vom rein künstlerischen Gesichtspunkt durchgeführt« zu haben, nicht der Wahrheit entspricht.

1933 kam Freund »Wolf« im Triumphzug nach Bayreuth. Das Bayreuther Tagblatt schrieb: »Die Menge rast vor Begeisterung. Unaufhörlich brausen Heilrufe über den Platz ... Alle wollen den Kanzler sehen, dem es gelungen ist, dem deutschen Volke wieder neuen Glauben und neue Hoffnungen zu geben. Selbst das kostbarste Kleid und der wertvollste Schmuck verlieren ihren Glanz, bleiben unbeachtet vor der schlichten Größe des Mannes, der Deutschlands Führer ist.« Die Festspiele gaben die Kulisse ab, Hitler gab sich als bescheidener Kunstfreund und ließ Karten verteilen: »Der Führer bittet, am Schluß der Vorstellungen von dem Gesang des Deutschland-, oder Horst-Wessel-Liedes und ähnlichen Kundgebungen absehen zu wollen. Es gibt keine herrlichere Aeußerung des deutschen Geistes als die unsterblichen Werke des Meisters.« Trotz der Unterstützung der Partei schlossen die Festspiele mit einem Verlust ab.

1934 gab man den *Ring*, die *Meistersinger* und – auf Wunsch Hitlers – *Parsifal*. Letztere sollte gleichzeitig die Abschiedsvorstellung von Richard Strauss werden, während Toscanini in Wien Verdis *Requiem* auf der Trauerfeier für den von österreichischen Nazis ermordeten Bundeskanzler Dollfuß dirigierte. 1934 war auch das erste Jahr, in dem keine Juden mehr in Bayreuth beschäftigt werden durften. Der Kartenverkauf lief weiterhin schleppend. Auch diesmal wiederholte sich das Spiel vom Vorjahr: Das Propagandaministerium kaufte alle bis zum 10. Juli übrig geblieben Karten auf. Zudem erhielten die Festspiele bis 1939 einen Zuschuss von 100 000 Reichsmark.

Tietjen zerschnitt das Band mit den Altwagnerianern endgültig: 1934 wurde der *Parsifal* in einer Neuinszenierung gegeben. Die Konservativen – darunter Wagners Töchter Eva und Daniela sowie der Dirigent des *Parsifal*, Richard Strauss – protestierten und forderten die Konservierung der Inszenierung von 1882, auf der das »Auge des Meisters geruht« hatte. Erfolglos, denn Hitler selbst schäumte über die Petition, die an ihn weitergegeben wurde. Daniela Thode zog 1937 ein ernüchtertes Fazit: »Der künstlerische wie moralische Niedergang bei äußerem Glanz und Prunk im Schutz von Kanzler und Reich, und vor einem geblendeten, thöricht berauschten Publikum.«

Tietjen knüpfte bald engere Verbindungen zu Winifred – nach ihrer Begeisterung für Hitler in den 1920er-Jahren scheint sich die Witwe in den Theatermann verliebt zu haben und schwärmte bald wie ein junges Mädchen. Eine Ehe kam wegen des Testaments Siegfrieds jedoch nicht in Frage. Tietjen hielt Distanz zu Winifred und ließ sich nie von seiner Frau in Berlin scheiden, von der er gleichwohl getrennt lebte. Die Kinder opponierten gegen Tietjen; Friedelind, das aufsässigste der Kinder, wurde in eine preußische Stiftsschule abgeschoben. Winifred hatte immer Auseinandersetzungen mit Friedelind gehabt und setzte – entgegen dem Testament Siegfrieds, das alle vier Kinder gleich stellte – auf eine dynastische Erbfolge mit einem Haupterben, Wieland. 1934 unternahm sie auch einen Vorstoß bei Hitler, um den Sohn rechtlich hieb- und stichfest zum einzigen Erben erklären zu lassen, doch Hitler respektierte das Testament Siegfrieds.

Winifred, geschützt durch ihre Freundschaft mit Hitler, widersetzte sich erfolgreich der Mitgliedschaft in Goebbels' Reichsmusikkammer, die im September 1933 gegründet wurde. Die Mitgliedschaft war an rassische und politische Kriterien gebunden – damit war die gesamte Kulturwelt gleichgeschaltet. Hitler meinte, dass die Festspiele Sache der Familie Wagner bleiben sollten. Gelegentlich kam sogar für Hitler die Kunst vor der Politik, so beispielsweise auch, als er auf Bitten Winifreds den Tenor Max Lorenz vor Schlimmerem bewahrte, nachdem dieser mit einem jungen Mann *in flagranti* erwischt worden war. Beim Künstlerempfang in Bayreuth scherzte er außerdem vordergründig unbefangen mit Lorenz' jüdischer Frau, die bereits vorher durch Göring einen »Arierpass« erhalten hatte. Winifred half vielen Verfolgten des Regimes, war also durchaus nicht blind für dessen Brutalität, doch versteifte sie sich auf die Meinung, dass die Auswüchse des Systems nicht Hitler, sondern nachgeordneten, allzu fanatischen Nazis zuzuschreiben seien. Juden, »jüdisch Versippte«, Schwule, überzeugte Christen und andere, die verfolgt wurden, wandten sich hilfesuchend an

Winifred. Bald fand sie sich in einem Kleinkrieg mit dem seit 1935 bestellten Gauleiter der Bayerischen Ostmark, Fritz Wächtler, wieder, einem mehr oder weniger tumben Parteisoldaten aus Thüringen. Hitler verhielt sich vor Beginn des Krieges besonders freundschaftlich den Wagners gegenüber und nahm für die Kinder die Rolle eines Ersatzvaters ein. Er deckte hier sein Bedürfnis nach familiärer Nähe ab. Im Wagnerschen Familienkreis gab er sich charmant und menschlich.

So heruntergekommen in gewisser Weise das Publikum und die Umstände der Aufführungen waren, so hoch war das künstlerische Niveau. Das Jahr 1936 geriet mit Wilhelm Furtwängler zu einem Höhepunkt des Winifredschen Bayreuth. Im Olympia-Jahr wollte Deutschland sich der Welt von seiner besten Seite präsentieren, und so hatte auch Bayreuth zu glänzen. Auf Wunsch Hitlers sollte *Lohengrin* nach 27 Jahren wieder aufgeführt werden. In dieser Oper tritt der deutsche König Heinrich der Vogler auf, dessen 1000. Todestag das Deutsche Reich 1936 feierte. Damit unterstrich man die Kontinuität zwischen dem mittelalterlichen »Ersten« Reich und dem neuen »Dritten« Reich und konnte Hitler als Nachfolger des alten Königs präsentieren. Hitler begrüßte die Künstler nach dem zweiten Akt auf der Bühne, mischte sich danach unter die Gäste des Festspielrestaurants: Der Diktator gab sich kunstsinnig und leutselig. Die Entspannung tat not, denn gleichzeitig wurden in Bayreuth Vorbereitung zur Unterstützung der rechten Putschisten in Spanien unter General Franco getroffen.

Bayreuth und seine Dirigenten

Im Korridor, der das Festspielhaus mit der Kantine verbindet, hängen die Porträts der insgesamt über 70 Festspieldirigenten chronologisch aufgereiht und verdeutlichen so auch optisch die stolze Tradition. Richard Wagner ist nicht darunter, er dirigierte nur einmal selbst in Bayreuth – als Hermann Levi am Schluss einer *Parsifal*-Aufführung einen Schwächeanfall erlitt. Zusammen mit Felix Mottl und Hans Richter bildete Levi anfangs die musikalische Kerntruppe in Bayreuth. Starrummel machte sich ab 1930 breit: Die Auseinandersetzungen der beiden schwierigen Charismatiker Furtwängler und Toscanini warfen ihre Schatten voraus – in Zukunft sollte sich fast alles, was Rang und Namen hatte am Dirigentenpult, auch auf den Weg auf den Hügel machen. Nach dem Krieg stand erneut Furtwängler am Pult, sein Konkurrent war damals Karajan. Außerdem dirigierte Knappertsbusch bis zu seinem Tod 1965 insgesamt 95-mal in Bayreuth, obwohl er von Wielands Inszenierungen nichts hielt und dieser seinerseits den Pathos des Dirigierstils ablehnte. Knappertsbusch war der heimliche »Chefdirigent«, auch wenn Wieland Wagner Pierre Boulez besonders schätzte. Paul Hindemith wurde als von den Nazis verfemter Komponist ganz bewusst 1953 eingeladen, um den Neuanfang zu markieren. Wolfgang Sawallisch war 1957 mit 35 Jahren der jüngste Bayreuth-Dirigent nach Siegfried. Die Reihe ließe sich noch lange fortsetzen: Lorin Maazel, Karl Böhm, Carlos Kleiber, Daniel Barenboim, James Levine und viele andere – wahrlich ein »Who's who« der Orchesterleiter aus aller Welt. Manch einer scheiterte trotz seines Könnens auch an der einzigartigen Akustik des Festspielhauses samt dem überdeckten Orchestergraben. Bayreuth stellt ganz besondere Anforderungen an den Dirigenten. Georg Solti, der 1983 den Ring dirigierte, sagte später: »Am Ende einer jeden Vorstellung hatte ich das Gefühl, ich könne einfach nicht mehr weitermachen. Es war nicht nur die Erschöpfung, es war auch die Hitze. Die Leute haben keine Ahnung, was man in diesem Orchestergraben zu ertragen hat.« Auf der anderen Seite ermöglicht der überdeckte Orchestergraben auch, dass die Musiker nicht im Frack spielen müssen, sondern kurze Hosen und T-Shirt tragen können. Heutzutage ist Christian Thielemann, seit 2012 Chefdirigent der Sächsischen Staatskapelle Dresden, Bayreuth besonders verbunden. Mit Spannung erwartet wird das Debüt von Kirill Petrenko, dem designierten Generalmusikdirektor der Bayerischen Staatsoper in München, mit dem *Ring* 2013.

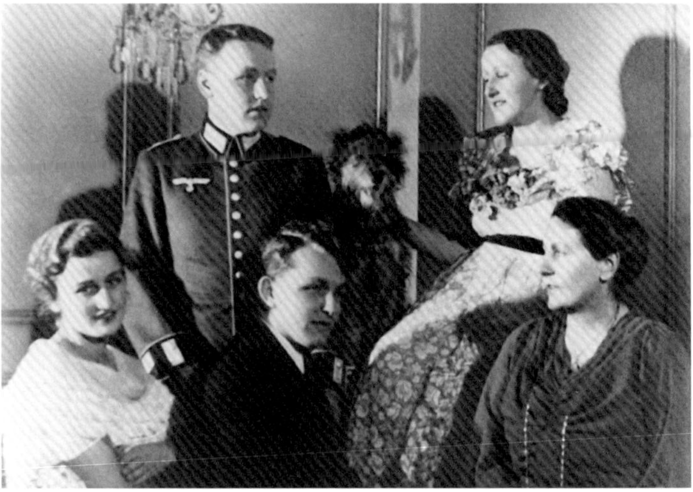

Winifred Wagner mit ihren Kindern Verena, Wieland, Wolfgang und Friedelind (v. l. n. r.). – Fotografie, 1938.

1937 wurden die Festspiele mit *Parsifal* eröffnet. Erstmals steuerte Wieland Bühnenbilder bei. 1938 hätte eigentlich ein Pausenjahr sein sollen, gemäß dem alten Turnus, nach dem auf zwei Jahre mit Festspielen eines ohne folgte. Doch Hitler wünschte sich die Festspiele nun jährlich. Eröffnet wurden sie mit *Tristan und Isolde*.

Freilich, trotz der Wagner-Begeisterung des Diktators war der »Meister« nicht der Hofkomponist des Nazi-Regimes, als der er immer noch gilt. Der einzige überzeugte Wagnerianer in der Führungsspitze war Hitler. Die anderen Größen des Regimes langweilten sich mehr oder weniger während der Aufführungen. Zum Teil fanden sich sogar Gegner. Der Antiindividualismus der NS-Ideologie musste sich auch an Künstlernaturen wie Wagner stoßen. Die überzeugten Nietzscheaner standen Wagner ebenso ablehnend gegenüber wie manche Rassentheoretiker. Alfred Rosenberg hielt die Idee des Gesamtkunstwerks für »unnordisch« und sah Wagner wegen dessen Bürgerlichkeit und »Dekadenz« kritisch. Auch der von Rosenberg und Himmler angestrebten Gründung eines mystischen Wotan-Kults stand der zwiespältige und scheiternde Gott Wagners entgegen.

All diese Kritik hatte natürlich Schwierigkeiten, angesichts der Wagner-Begeisterung des »Führers« Gehör zu finden. Wo möglich, wurde die mythische Ambivalenz der Werke auf Eindeutigkeit festgelegt und nationalistisch überhöht – ein Schicksal, das auch Komponisten wie Beethoven und Bruckner widerfuhr. Gemessen an den Aufführungszahlen erreichten Wagners Musikdramen nicht mehr den Stand von vor dem Ersten Weltkrieg. Wagner war der Komponist Hitlers, aber nicht des Dritten Reiches. Das Werk wurde unter dem Gesichtspunkt der »Heroisierung« ideologisiert. Die *Lohengrin*-Inszenierungen der 1930er-Jahre beispielsweise akzentuieren den Bereich des Königs und der Soldaten gegenüber der artifiziell-modernen Klangwelt der Lohengrin-Figur und ihrer Sphäre. Die Siegfried-Figur wurde im Sinne des nationalsozialistischen Heldenkults ihrer Komplexität beraubt und Hans Sachs' Schlussansprache aus den *Meistersingern* nationalistisch ausgedeutet. Doch weder *Der fliegende Holländer*, noch *Tannhäuser* oder *Tristan* boten propagandistische Anknüpfungspunkte. *Parsifal* schließlich, eine der vielschichtigsten Opern Wagners, wurde ab 1940 gar von deutschen Bühnen verbannt. Der in dem Werk zum Ausdruck kommende Pazifismus, religiöses Mitleiden, Weltverzicht und Triebunterdrückung standen im krassen Gegensatz zur Nazi-Ideologie. Somit war nicht einmal der Künstler Wagner gegen ein – gleichwohl nie offiziell ausgesprochenes – Verbot in der NS-Zeit gefeit.

In der Bevölkerung hatte indessen das Interesse an Wagner bereits während der Weimarer Jahre nachgelassen und auch die Aufführungszahlen nach 1933 erreichten nicht mehr den Stand der Kaiserzeit. Während des Krieges rutschte Wagner an manchen Theatern sogar hinter Lortzing oder Verdi – *Zar und Zimmermann* oder *La Traviata* waren zur Aufmunterung während des Krieges eben besser zu gebrauchen als die *Götterdämmerung*. Selbst Hitler soll in seinem Kriegshauptquartier lieber der leichteren Muse gefrönt und vor allem die *Lustige Witwe* von Franz Lehár gehört haben.

Die Festspiele 1939 wurden mit dem *Fliegenden Holländer* eröffnet. Hitler kam wiederum nach Bayreuth, während er parallel die Vorbereitungen für den Angriff auf Polen traf. Diesmal verlief sein Besuch unter besonders angespannter Atmosphäre. Militärs und Minister gingen im Siegfriedhaus, in dem er wohnte, ein und aus. Friedelind und ihre Tanten Daniela und Eva – aus unterschiedlichen Gründen in Opposition zu Winifred – befanden sich in Luzern, welches unter der Ägide Toscaninis zum musikalisch-politischen Gegenpol Bayreuths avancierte, nachdem die Salzburger Festspiele nach dem »Anschluss« Österreichs weggefallen waren. Unmittelbar nach den Festspielen begann am 1. September der Zweite Weltkrieg.

KRIEGSFESTSPIELE

Wolfgang wurde in den ersten Kriegswochen in Polen verwundet und von Hitler zweimal am Krankenlager besucht, während der anvisierte Erbe Wieland auf Geheiß Hitlers zum exklusiven Kreis derer gehörte, die vom Militär freigestellt waren. Verena meldete sich als Krankenschwester zum Roten Kreuz. Winifred wollte die Festspiele während des Krieges schließen, doch Hitler ordnete die Weiterführung an. Das Personal wurde vom Kriegsdienst freigestellt, so dass die Festspiele auch weiterhin stattfinden konnten. Die Kartenkontingente fielen an die Organisation »Kraft durch Freude«; nach 1939 verfügte KdF über ca. 18 000 der 20 000 Karten und übernahm deren Verteilung an Verwundete und Ausgezeichnete, die dafür Interesse hatten. Es war mithin »keine Abordnung von uninteressierten Menschen«, auch gegen das Wort »KdF-Festspiele« verwehrte sich Winifred später energisch. Der SS-Offizier Bodo Lafferentz, seit 1938 Reichshauptamtsleiter der Organisation »Kraft durch Freude«, der für Fragen des Besucherverkehrs zuständig war, kam so in Kontakt mit Bayreuth und heiratete 1943 die jüngste Tochter Siegfrieds und Winifreds, Verena. Unter dem Publikum – den so genannten »Gästen des Führers« – fanden sich nun überwiegend verwundete Soldaten, Rüstungsarbeiter und Krankenschwestern. Die einen nahmen den Weg auf sich, weil sie sich ein paar Tage in Bayreuth erholen wollten, die anderen, weil sie für die Gelegenheit, endlich einmal nach Bayreuth zu kommen, dankbar waren. Die Einbindung von KdF war für Winifred eine große Entlastung. 1940 und 1941 wurden der *Fliegende Holländer* und der *Ring* aufgeführt. Während des Krieges gab es Pläne für einen Neubau des Festspielhauses durch den Architekten des VW-Werkes in Wolfsburg, Emil Mewes, welcher den Hügel in eine monströse Weihestätte des Nationalsozialismus verwandelt hätte.

Winifreds Tochter Friedelind war inzwischen zu einer Gegnerin des Regimes geworden. Schon seit ihrer Jugend hatte sie Streitigkeiten mit ihrer Mutter und nun prallten die unterschiedlichen Temperamente des rebellischen Kindes und der autoritären Mutter aufeinander. Umso stärker war die Bindung an den Vater, dessen Rolle nach Siegfrieds Tod zunehmend der Dirigent Arturo Toscanini einnahm. Sie war begabt, interessierte sich sehr für die Festspiele und hatte die Tanten auf ihrer Seite, die vor allem Winifred eins auswischen wollten. Sie ging nach der Schule nach England, ab 1939 lebte sie in der Schweiz und distanzierte sich von ihrer Familie. Noch vor Kriegsbeginn schickte Winifred ihre jüngste Tochter Verena in die Schweiz, um Friedelind zur Rückkehr nach Deutschland zu überreden. Friedelind jedoch erklärte, sie sei ja nicht wahnsinnig, in ein Land zurückzukehren, wo ihre Freunde in Angst lebten und verhaftet würden. Die Erlebnisse der Emigranten, auf die sie in England und der Schweiz traf, machten ihr die Unmenschlichkeit des Regimes deutlich. Das Klima in Bayreuth und Deutschland war ihr unerträglich geworden.

Für die Familie und auch die Nazis stellte die abtrünnige Wagner-Enkelin eine Peinlichkeit dar. 1940 kam es zu einem Treffen mit der Mutter in der Schweiz. Zwei Alternativen stellte Winifred zur Auswahl: entweder in einem neutralen Land zu leben und sich ruhig zu verhalten oder nach Deutschland zurückzukehren. Friedelind berichtet von harten Drohungen der Mutter, wenn sie nicht folgen würde. Doch Winifred scheint einfach Angst um ihre Tochter gehabt zu haben, schließlich wusste sie von der Effektivität der deutschen Agenten auch im Ausland und griff deswegen zu allen Mitteln. Nach Winifreds

Abreise schrieb sie ihr einen Brief, in dem sie für den Besuch dankte und versprach, »nichts Unüberlegtes« zu tun. Dieser Brief war wahrscheinlich nur eine Finte, um die Gestapo abzulenken, denn bald darauf machte sich Friedelind nach England auf und wurde als feindliche Ausländerin zunächst auf der Isle of Man interniert und trat dann in Kontakt mit der Britischen Regierung. Goebbels schäumte in sein Tagebuch: »Die kleine, dicke Wagner schreibt in London Enthüllungen gegen den Führer. So ein kleines Biest! Das kann evtl. etwas peinlich werden.« Über Argentinien gelangte sie schließlich in die Vereinigten Staaten. 1942 hielt Friedelind in einem US-Sender eine Ansprache zu Wagners Todestag: Ihr Großvater hätte in Hitlers Deutschland nicht leben können, Hitler missbrauche Wagner. Winifred selbst war sich durchaus bewusst, dass sie unter anderen Umständen in Sippenhaft genommen worden wären: »Wären wir natürlich nicht Mitglieder der Wagner-Familie gewesen, wären wir daraufhin ja samt und sonders ins Konzentrationslager gekommen.«

Hitler besuchte die Festspiele zuletzt 1940, wo er nach dem Sieg über Frankreich frenetisch gefeiert wurde. Ab diesem Jahr hießen sie offiziell »Kriegsfestspiele« und sollten dem Ausland die Bedeutung der Kultur in Deutschland auch während Kriegszeiten vor Augen führen. Winifred und Adolf sahen sich danach nie wieder. Ihr Einsatz für Verfolgte und Juden schien den Draht zum »Führer« beschädigt zu haben: »Sobald gegenteilige Ansichten eine positive Aussprache unmöglich gemacht haben, kam Hitler nicht zu mir, und ich suchte ihn gleichfalls nicht mehr auf.« Winifred verstand sich gut mit Rudolf Heß, der 1940 nach England flog, um einen Frieden zu verhandeln. Daraufhin wurde er von Hitler für verrückt erklärt; statt dessen stieg Martin Bormann in der Entourage auf. Winifred, die durch Heß eine Verbindung in Hitlers nächste Nähe gehabt hatte, war nun abgeschnitten. Auch die Affäre um Friedelind und der fortschreitende Krieg, der Hitler völlig in Anspruch nahm, dämpften den Kontakt zwischen Hitler und Wahnfried. Winifred wurde zunehmend kaltgestellt, ihre Interventionen hatten dann Erfolg, wenn sie auf

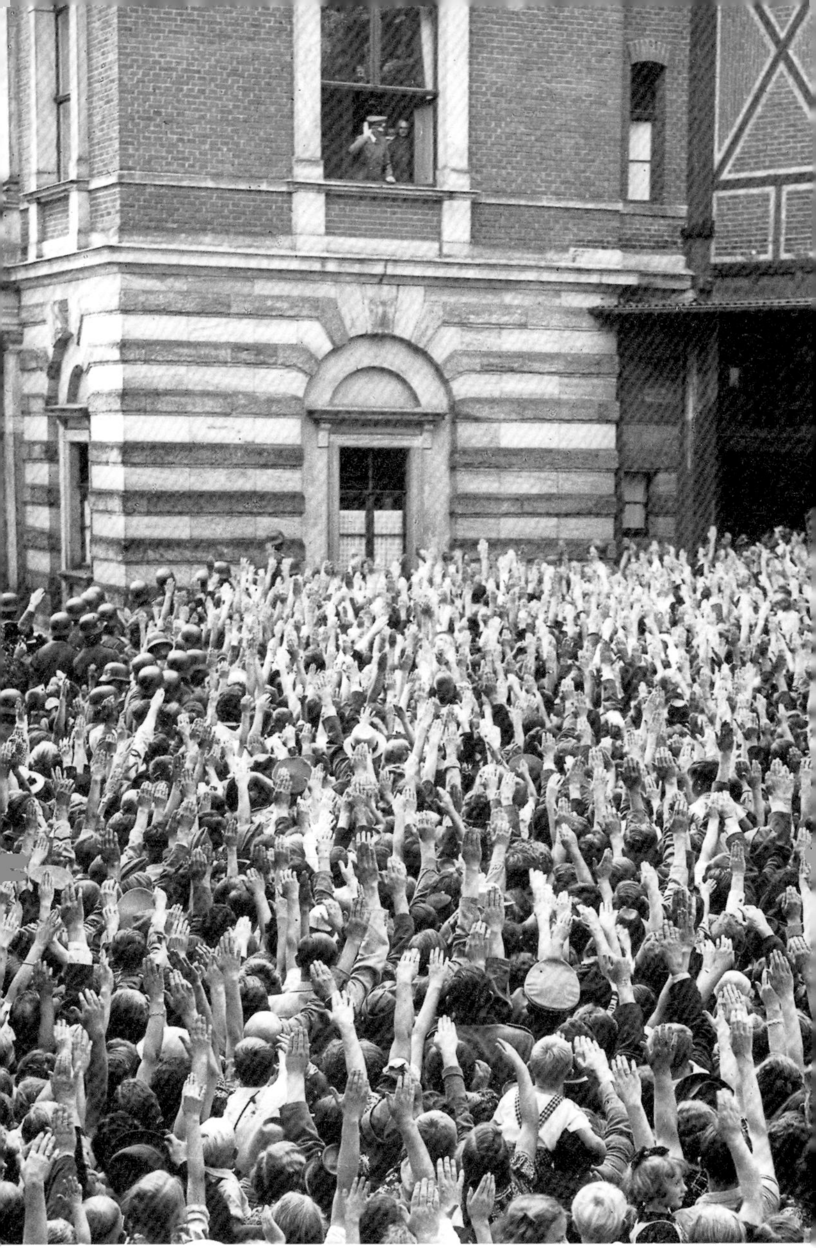

Adolf Hitler begrüßt bei den Bayreuther Festspielen die jubelnde Menge. – Fotografie, 1940.

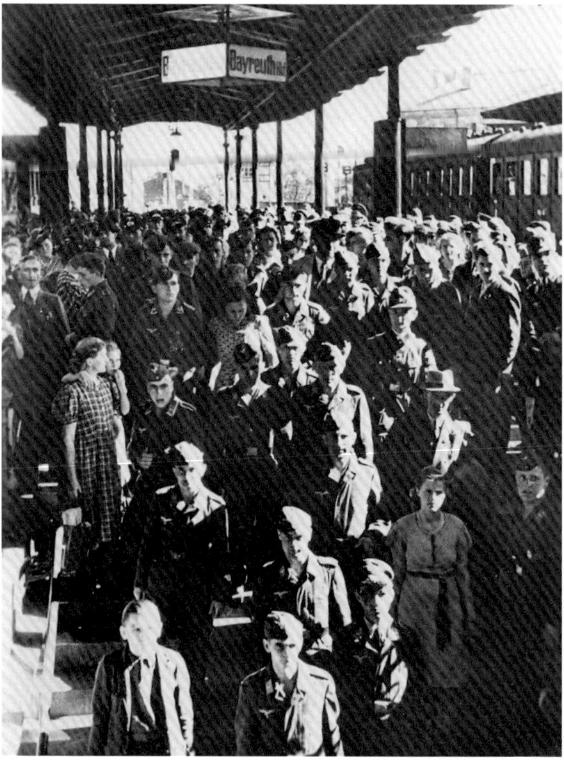

Geladene Gäste der »Kriegsfestspiele« bei der Ankunft am Bayreuther Bahnhof. – Fotografie, 1943.

Menschen traf, die meinten, sie hätte noch Einfluss bei Hitler. Dieser hielt jedoch den Kontakt mit ihren Kindern aufrecht; vor allem an Wieland als dem anvisierten Erben Bayreuths hatte er weiterhin stärkstes Interesse.

In den Jahren 1943 und 1944 wurden nur noch die *Meistersinger*, welche sich die Nationalsozialisten von Anfang an am meisten angeeignet hatten, in einer Neuinszenierung gegeben. Der karrierebewusste Wieland schuf die höchst konventionellen, »altdeutschen« Bühnenbilder. Hitler wollte auch 1944 Kriegsfestspiele in Bayreuth. Die Stadtbevölkerung murrte zunehmend; angesichts von Flüchtlingsströmen und Lebensmittelknappheit schien eine Weiterführung der Festspiele unpassend. Seit der Niederlage von Stalingrad hatte sich das Blatt gewendet, viele glaubten nicht mehr an den »Führer« und seinen Sieg. Ein Zeuge berichtet: »Während auf dem einen Gleis des Bayreuther Hauptbahnhofes Sonderzüge mit Festspielgästen einliefen und von einer Musikkapelle, abwechselnd der Wehrmacht und des Arbeitsdienstes, begrüßt wurden, kreuzten sich auf einem anderen Gleise Sonderzüge mit Flüchtlingen aus den Bombennächten der Großstädte mit ihren Feuersäulen und den verlassenen Trümmerwüsten.« Die letzte Aufführung der *Meistersinger* am 9. August 1944 war die letzte Operndarbietung im Reich überhaupt.

WIELANDS UND WOLFGANGS FRÜHE JAHRE

Die Brüder Wieland und Wolfgang hatten als Lieblinge Hitlers eine herausgehobene Position inne und konnten sich einiges erlauben. Im August 1935 wurden sie wegen »Beleidigung des Reichsjugendführers« und »Disziplinlosigkeit« aus der HJ ausgeschlossen. Winifred fand dies nicht allzu schlimm; der Drill der HJ stieß sie ab. Auch Friedelind wurde aus dem »Bund Deutscher Mädel« (BDM) ausgeschlossen.

Wieland verband eine erste Jugendliebe mit Gertrud Reissinger, er war damals 13, sie 14. Als ältester Enkel Richard Wagners sah er sich einer großen, diffusen Aufgabe gegenüber, vor der einem angst und bange werden konnte. Wieland schwankte lange, interessierte sich mehr für Malerei und Fotografie als für die Musik seines Großvaters, gegen die er eine regelrechte Abneigung hegte. 1933 ging Gertrud nach München, 1936 wurde der *Bärenhäuter* in Lübeck mit Bühnenbildern Wielands aufgeführt. Ebenfalls 1936 wurden seine Bühnenbilder für *Parsifal* in Bayreuth verwendet. 1938 begann er ein Studium der Malerei in München. Bald wandte er sich jedoch der Musik zu, nahm ein Privatstudium bei Kurt Overhoff auf und entschloss sich, die Festspiele in die Hand zu nehmen. Er verdrängte Friedelind ganz und verwies Wolfgang auf den zweiten Platz. 1941 wurde Wieland regelrecht zur Ehe verdonnert, weil man das lockere Verhältnis zu Gertrud nicht mehr in Kauf nehmen wollte. Viel zu früh wurde dieses Paar aneinander geschmiedet. Nach der Trauung ging Gertrud nach Italien, um einen Sprachkurs zu machen, Wieland stürzte sich in eine erste außereheliche Affäre. Als Gertrud schwanger zurückkehrte, richtete Winifred dem Paar eine Wohnung in München ein. Finanziell blieben die beiden von Winifred abhängig. 1942 wurde die erste Tochter Iris geboren.

Die Brüder belauerten sich wegen der zu erwartenden Auseinandersetzungen um die Festspielleitung. Wolfgang wurde von Tietjen zur praktischen Ausbildung nach Berlin geholt, begann seine Karriere als Hilfsinspizient und erwies sich als gelehrig und begabt. Er sollte in den weiteren Auseinandersetzungen stets eine vermittelnde Haltung einnehmen. Während der zunehmend kranke und vom Volk entkoppelte Hitler in den späteren Kriegsjahren die meisten Besucher barsch abfertigte, hatte er für die Wagner-Söhne immer ein offenes Ohr. Hitler fasste eine besondere Zuneigung zu Wieland. Nach dem »Führerprinzip« konnte es nur einen einzigen Leiter der Festspiele geben, eben den ältesten Sohn. In die NSDAP trat dieser auf Wunsch Hitlers ein, während Wolfgang sich inmitten des kritischen Gesprächs mit dem »Führer« über die Parteizugehörigkeit davonstahl und nie Mitglied wurde.

Wieland seinerseits schien – ähnlich seiner Mutter – mehr von Hitler zu halten als vom Nationalsozialismus an sich. Wielands Frau Gertrud beschrieb das Verhältnis so: »Hitler war ein Wagner-Verehrer. Und diese Tatsache war das Verbindende. Nicht das Politische. Wieland war sehr interessiert an politischen Informationen. Aber es gab bei ihm nie ein Sich-Identifizieren mit dem Nationalsozialismus.« Er war sicherlich kein überzeugter Nazi, aber ein Opportunist, der die sich bietende Gelegenheit zum Aufstieg nutzte. Wenn man so möchte, ließe sich eine Konstellation Wieland-Goebbels gegen Tietjen-Göring konstruieren. »Göring hielt an Tietjen fest, und Goebbels versuchte mit Hilfe der Wagner-Kinder an Material zu kommen, um Tietjen zu erledigen, die Preußischen Staatstheater in seine Gewalt zu bringen und Göring als Chef der preußischen Theater zu entmachten«, schreibt Winifreds Biografin

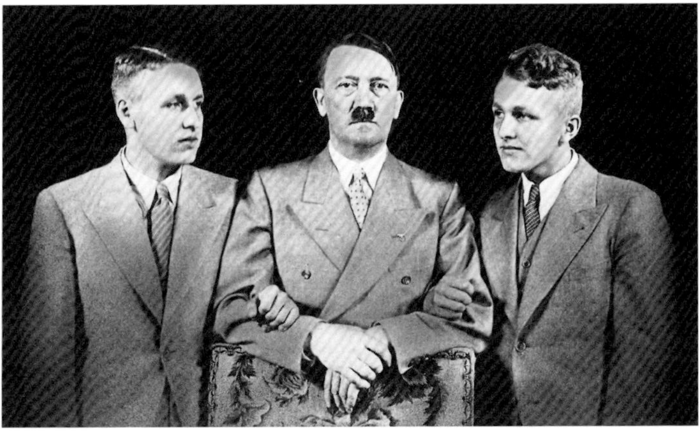

Adolf Hitler mit den Wagnerenkeln Wieland (l.) und Wolfgang in Bayreuth. – Fotografie, 1936.

Hamann. Wieland fand gegenüber Hitler nie gute Worte für den »Usurpator« Tietjen, den er in quasi-ödipaler Projektion als seinen Hauptwidersacher verfolgte. Winfred berichtete Jahrzehnte später, »dass der Wieland … nur gegen uns intrigiert hat … Das hat er getan, hat auf der Bühne gestanden, hat die ganze Zeit alles, was Preetorius gemacht hat, alles, was Tietjen gemacht hat, alles hat er niedergemacht.« Winifred fand sich zwischen den Fronten wieder – zum Teil wortwörtlich, als es während einer geplanten Aussprache zwischen Tietjen und Wieland zu einem lauten Streit kam und Winifred heulend neben den Streithähnen stand. Für Wieland war es eine reine Machtfrage. Mit seinem Hass auf Tietjen hielt er nicht hinter dem Berg. Doch der »Führer« wollte nicht auf den Theatermann verzichten und an seiner statt den unerfahrenen Wieland einsetzen. Womöglich denunzierte Wieland den Bühnenbildner Preetorius als »Judenfreund«, wenn er Tietjen schon nicht stürzen konnte. Es ist letztlich aber nicht geklärt, ob er dabei seine Finger im Spiel hatte. Preetorius wurde jedenfalls von der Gestapo verhört, worunter er den Rest seines Lebens zu leiden hatte. Hitler intervenierte jedoch, ließ ihn wieder in die Freiheit und hielt trotz seiner persönlichen Antipathie auch hier seine schützende Hand über Preetorius. Aber er musste zwangsweise Abschied von den Festspielen nehmen.

1942 inszenierte Wieland den *Ring* in Nürnberg – mit tatkräftiger Unterstützung seiner Frau. Im April 1943 wurde er von Joseph Goebbels zum Chefregisseur der Opernbühne in Altenburg (Thüringen) berufen. Hier inszenierte er den *Ring* unter der musikalischen Leitung seines Lehrers Kurt Overhoff, der ihm die Musik Richard Wagners nahegebracht hatte.

Wolfgang heiratete 1943 Ellen Drexel, eine Tänzerin der Berliner Staatsoper. Wenige Wochen nach der Hochzeit machte das junge Paar einen Antrittsbesuch bei Hitler, der sich immerhin eine Stunde Zeit für die Gäste nahm. Am 7. Juli 1944 inszenierte Wolfgang mit *Bruder Lustig,* einem Werk seines Vaters, seine allererste Oper an der Staatsoper Unter den Linden. Sie wurde unter dem den harten Kriegszeiten eher angemessenen Titel *Andreasnacht* aufgeführt, ehe am 1. September alle Bühnen in Deutschland schließen mussten.

1944 wurden alle Männer – auch der seit seiner Verwundung in Polen an der Hand verkrüppelte Wolfgang – in den Kriegsdienst eingezogen, zumindest zum so genannten »Volkssturm«. Im »totalen Krieg« gab es keine unabkömmlichen Stellungen mehr. Die Schließung sämtlicher Theater im September 1944 bedrohte nun auch Wieland Wagner. Doch er wurde im Herbst 1944 in dem »kriegswichtigen Betrieb« des von seinem Schwager Bodo Lafferentz geleiteten »Instituts für physikalische Forschung« – einer Außenstelle des KZ Flossenbürg in Bayreuth – untergebracht. Damit war er vom Dienst an der Waffe befreit. Er hatte als stellvertretender ziviler Leiter eine privilegierte Stellung inne. Wieland können die Umstände im KZ nicht verborgen geblieben sein. Es bleibt die Frage offen, wie viel die Wagners von der Vernichtung der Juden und der Zwangsarbeit wussten; er sprach nie über diese Zeit. Wahrscheinlich verhielt es sich wie bei den meisten Deutschen – sie wussten genug, um zu entscheiden, dass sie nicht noch mehr wissen wollten. Winifred, die spontan und ohne Berechnung vielen Juden Hilfe geleistet hatte, war sich sicherlich über das Vernichtungsprogramm der Nazis im Osten im Klaren.

Das Außenlager Bayreuth des KZ Flossenbürg

Das Konzentrationslager Flossenbürg gehört zu den Lagern der zweiten Generation und wurde 1938 errichtet. Die Nazis verfolgten das Ziel »Vernichtung durch Arbeit« und ließen die Häftlinge Rohstoffe abbauen. Zum Lagerkomplex gehörte ein Netz von fast 100 Außenlagern, das sich über Franken, die Oberpfalz, Niederbayern, Sachsen und Böhmen erstreckte. Vielerorts wurden die Außenlager erst im Zuge der »Geschichtswerkstättenbewegung« einer breiteren Öffentlichkeit bekannt. Die Existenz eines Bayreuther Außenlagers des Konzentrationslagers Flossenbürg rückte erst 1989 in das Bewusstsein der Stadt. Den Anfang machte die Abiturientin Karin Osiander mit ihrer Facharbeit, der Journalist Peter Engelbrecht recherchierte weiter.

Die Lebensbedingungen in den Lagern hingen von der Größe, der Kriegswichtigkeit des Arbeitseinsatzes und dem Verhältnis zwischen den Interessen der Wachmannschaft und den Arbeitgebern ab. Bayreuth war ein Sonderfall: Es war sehr klein, im Stadtbild nicht sichtbar, von den Bewohnern abgeschirmt und professionell ausgerichtet. Hier befassten sich zivile Mitarbeiter und Zwangsarbeiter mit der Entwicklung von Steuerungsgeräten für die sogenannten »Vergeltungswaffen«. Diese Flugbomben und Raketen – auch V1 und V2 genannt – krankten an ihrer Zielungenauigkeit. Die abgeworfenen Gleitbomben sollten ein Fernsehbild übertragen und so in das anvisierte Ziel gesteuert werden. Ausschlag für die Gründung des »Instituts für physikalische Forschung« in Bayreuth gab letztlich Lafferentz' familiäre Bindung an diesen Ort.

Die ersten 38 Häftlinge trafen am 13. Juni 1944 in Bayreuth ein, insgesamt arbeiteten 85 Gefangene hier. Der Einsatz von KZ-Häflingen als Arbeitskräfte war pragmatisch und nicht ideologisch motiviert, alle Häftlinge hatten eine technische Ausbildung. Lafferentz warnte die SS vor brutalen Maßnahmen gegen die Insassen.

Äußerlich sah das Bayreuther Lager nicht wie ein großes Hauptlager aus, es gab keine Baracken, sondern die Häftlinge lebten in den Fabrikräumen. Auch gab es eine Reihe von Zivilpersonen; dabei kam es immer wieder zu Spannungen zwischen Verantwortlichen des Instituts und den Flossenbürger SS-Männern, die auf Einhaltung der Lagerordnung bedacht waren und Strafmaßnahmen ergriffen. Ein ehemaliger Häftling berichtet: »In Bayreuth gab es weder Sterbefälle noch, abgesehen von Disziplinarstrafen, härtere Bestrafungen. Das wurde in Flossenbürg erledigt.« Die Gefangenen arbeiteten als Konstruktionszeichner, an Drehbänken oder an der Herstellung feinmechanischer Metallteile. Die Ernährung und die hygienischen Bedingungen waren nicht ganz so schlimm wie in anderen Außenlagern. Äußerst unüblich für ein kleines Außenlager war die Überstellung eines Häftlingsarztes im November 1944. Doch auch wenn die Umstände sich besser darstellten als in anderen Lagern, war das Außenlager in Bayreuth integraler Bestandteil des nationalsozialistischen KZ-Systems und jeder Häftling von Misshandlungen, Deportation oder Tod bedroht.

Am 11. April 1945 wurde das Lager durch einen Luftangriff zerstört, die Insassen mussten den Todesmarsch in das Stammlager Flossenbürg antreten, dabei kam ein Häftling ums Leben. Wieland Wagner und Bodo Lafferentz setzten sich zu ihren Familien nach Nußdorf an den Bodensee ab. Zusammenfassend heißt es beim Leiter der Gedenkstätte Flossenbürg Jörg Skriebeleit: »Bayreuth war keine KZ-Stadt. In Bayreuth befand sich aber ein kleines Außenlager des KZ Flossenbürg, das Teil der Stadtgeschichte ist und – so ist zu wünschen – auch Bestandteil der öffentlichen Erinnerungskultur der Stadt Bayreuth sein sollte.« Die Reste des Gebäudes wurden 1994 abgerissen, im Jahr 2000 wurde ein Gedenkstein aufgestellt. Das Gedenken der Opfer konzentriert sich heute auf Flossenbürg.

Was Wieland genau im Lager tat, bleibt unklar. Er äußerte sich nicht dazu. Womöglich arbeitete er weiter an seinen Inszenierungsentwürfen. Hauptsächlich fungierte er wohl als Verbindungsmann zu Bodo Lafferentz, der in Berlin wohnte und das Lager leitete. Er übergab noch im Januar 1945 seiner Mutter einen Brief, in dem er energisch auf seine Übernahme der Festspiele pochte. Dabei berief er sich auf Hitler. Offensichtlich wollte er noch so viel wie möglich bei seinem alten Förderer herausschlagen, ehe der Krieg verloren war.

KRIEGSENDE

Das Deutsche Reich taumelte in den Untergang. Am 24. März 1945 standen die Amerikaner bereits in Aschaffenburg. Der Bayreuther Oberbürgermeister Kempfler traf sich mit dem Bamberger Weihbischof Arthur Landgraf und dem SS-General Benno Martin, um eine kampflose Übergabe der oberfränkischen Städte zu besprechen. Gauleiter Wächtler wollte gemäß dem Befehl Hitlers jedes Haus verteidigen. Am 5. April wurde Bayreuth, das bisher von Zerstörungen verschont geblieben war, bombardiert und durch zwei weitere Luftangriffe insgesamt zu einem Drittel zerstört. Auch die Villa Wahnfried erhielt einen Treffer und war damit unbewohnbar. In der Nacht des 6. April fuhren Lafferentz und Wieland nach Berlin, um sich ein letztes Mal mit Hitler zu treffen. Ein Konsortium der deutschen Industrie hatte vom Wittelsbacher Ausgleichsfonds die Originalhandschriften von Wagner-Opern erworben und sie 1939 dem »Führer« zum 50. Geburtstag geschenkt. Die beiden wollten die Papiere in Sicherheit bringen, wurden jedoch von Bormann abgefertigt und hatten keinen Erfolg. Seitdem sind die Originalhandschriften von *Die Feen*, *Das Liebesverbot*, *Rienzi*, *Rheingold*, *Walküre* sowie Teile von *Siegfried* und *Götterdämmerung* verschollen oder – wahrscheinlicher – verbrannt.

Gauleiter Wächtler, der alte Erzfeind Winifreds, floh schließlich aus Bayreuth, so dass die Stadt kampflos übergeben werden konnte. Einer von Hitlers letzten Befehlen war, den Gauleiter dafür zu töten. Er wurde von einem SS-Mann im Bayerischen Wald erschossen. Am 14. April zogen die Amerikaner in Bayreuth ein. Die Familien Wielands und Lafferentz', welche nach ihrer erfolglosen Vorsprache bei Hitler direkt an den Bodensee geflohen waren, unternahmen am 22. April einen Fluchtversuch in die Schweiz. Sie wurden von Schweizer Grenzbeamten aufgegriffen und zurückgeschickt. Als einziger der Wagner-Enkel hielt Wolfgang die Stellung in Bayreuth und brachte während der Endphase des Krieges wertvolle Familienerbstücke in Sicherheit.

Am 30. April erschoss sich Hitler im Bunker der Reichskanzlei, am 9. Mai kapitulierte Deutschland bedingungslos. Der Krieg in Europa war damit beendet.

5 »Neubayreuth« – Das ungleiche Tandem Wieland und Wolfgang

ENTNAZIFIZIERUNG UND UNGEWISSE ZUKUNFT

Nach dem Krieg sah es düster aus in Bayreuth: »Die Wagnerfamilie war entwürdigt, die Festspiele entweiht, die Opern verleumdet, die alten Wagnerianer diskreditiert und Wahnfried als das Walhall der deutschen Kultur bloßgestellt worden, moralisch korrupt und physisch in Ruinen«, fasst Frederic Spotts die Situation zusammen. Der physische und moralische Zusammenbruch Deutschlands war vollständig. Die Alliierten öffneten die Kinos, um den Deutschen die Bilder der getöteten und geschundenen KZ-Häftlinge zu zeigen. Erst jetzt gestanden sich viele ein, was sie schon längst wussten.

Im Festspielhaus fanden Vorstellungen zur Truppenbetreuung amerikanischer Soldaten und andere Kulturveranstaltungen statt, ehe im Februar 1946 die Amerikaner die schwer beheizbare »Heilige Halle«, die sich bald als Klotz am Bein entpuppte, unter Treuhandschaft der Stadt Bayreuth stellten. Das Eigentum der Wagners an den Festspielen war fraglich und hing vom Ergebnis der Entnazifizierung ab. Wolfgang war nie in die NSADAP eingetreten, Verena ohnehin zu jung. Wieland hielt sich bei Kriegsende in Nußdorf am Bodensee auf, welches in der französischen Besatzungszone lag. Hier gab es keine gefährlichen Belastungszeugen, auch handhabten die Franzosen die Entnazifizierung weniger entschieden als die Amerikaner, sie konzentrierten sich auf die »großen Fische« und ließen kleine Parteimitglieder oft ungeschoren. Somit rückte Winifred, die seit 1926 Mitglied in der NSDAP war, in den Fokus. Vom Ausgang ihres Verfahrens hing auch die Zukunft der Festspiele ab, denn nach Siegfrieds Testament war sie immer noch Eigentümerin des Festspielhauses und des Erbes Richard Wagners.

Klaus Mann, Sohn des berühmten Schriftstellers und bei Kriegsende im Dienst der amerikanischen Armee, besuchte Winifred im Juni 1945 in ihrer Unterkunft in Oberwarmensteinach: »Bei meinen Fahrten kreuz und quer durch Deutschland habe ich endlich einen aufrechten Mann gefunden, und dieser Mann ist eine Frau, typischerweise eine Engländerin von Geburt. Sie war die einzige Person, die sich nicht soweit als möglich von Hitler distanzierte, sondern ihre Freundschaft zu ihm offen zugab und ihn als Kunstkenner lobte ... Sie hat beileibe nicht alle, doch einige seiner Eigenschaften zu rühmen gewusst, ein einzigartiger Fall.« Winifred war der Person Hitlers eng verbunden. Der Ideologie der Nazis stand sie indifferent, der Gewaltherrschaft ablehnend gegenüber. Noch Jahrzehnte später sagte sie: »Ich gebe zu, dass alles, was so in der letzte Hälfte des Krieges passiert ist, völlig abzulehnen ist, das lehne ich auch ab. Aber damit schütte ich nicht das Kind mit der Wanne aus, sondern ich lasse das, was ich für gut und menschlich an dem Manne gehalten habe, das lasse ich mir einfach nicht nehmen.« Geschützt durch ihre Freundschaft mit Hitler, hat sie es an Kritik an der Nazi-Herrschaft nicht fehlen lassen und sich mit Erfolg geweigert, ihr Theater der Reichsmusikkammer und damit Goebbels zu unterstellen. Darauf baute auch ihre Verteidigung auf. Ihr enges Verhältnis zu Hitler konnte sie ohnehin nicht abstreiten. Geschickt händigte sie den Amerikanern deshalb Briefe von Hitler aus, nur um dafür andere zurückzuhalten. Zudem hatte sie viele Verfolgte geschützt und gerettet, die nun für Winifred aussagten.

Winifred Wagner wurde im ersten Verfahren 1947 als »Aktivistin/Belastete« (Gruppe II von vier) eingestuft, wogegen sie Revision einlegte. 1949 wurde sie schließlich als »Minderbelastete« eingestuft, mit der Konsequenz, dass es ihr untersagt war, die Festspiele weiter zu führen. »Wenn wir es ganz klar und deutlich sagen wollen: ich habe alles auf meinen Buckel genommen. Ich war der Sündenbock. Und ich habe also dadurch die beiden Jungs so quasi ... reingewaschen«, sagte sie rückblickend im Interview. Von Schuldbewusstsein war gleichwohl auch später keine Spur vorhanden. Sie gelangte zu einer oppositionellen Haltung gegenüber der neuen Demokratie, auch weil sie es als Akt der Zivilcourage betrachtete, Hitler weiterhin die Treue zu halten. Morells Spritzen, die der Leibarzt dem »Führer« verabreicht hatte, und Bormanns Bösartigkeit waren angeblich an allem schuld. Wie im Krieg zu den Verfolgten, so hielt sie nach dem Krieg zu den alten Nazis.

Die besten Möglichkeiten, die Leitung der Festspiele zu übernehmen, hätte sicherlich Friedelind gehabt. Sie war nicht nur unbelastet, sondern eine eindeutige Gegnerin des Nazi-Regimes gewesen. Spätestens ab 1947 fühlte sie sich den Festspielen zwar verpflichtet, sah ihre weitere Zukunft jedoch in Amerika. Sie hatte am 9. Juni dieses Jahres die amerikanische Staatsbürgerschaft erlangt und wollte in den USA bleiben. Nach dem Zweiten Weltkrieg erschien ihr Buch *Heritage of fire* (auf Deutsch: *Nacht über Bayreuth*), in dem sie schonungslos mit den braunen Verstrickungen in ihrer Familie abrechnete. Gleichwohl ordnete sie an, dass das Buch nicht als Beweismittel im Spruchkammerverfahren gegen ihre Mutter verwendet werden durfte. Wie viele Emigranten konnte sich sie wohl auch nicht damit anfreunden, in ein Land zurückzukehren, dessen Bewohner vor wenigen Jahren noch Hitler zugejubelt hatten. Somit betrieb sie den Sprung über den Atlantik von New York nach Bayreuth nicht mit letzter Vehemenz. Und so verlief auch die Initiative des Bayreuther Oberbürgermeisters, sie für die Leitung der Festspiele zu gewinnen, im Sand. Zu allem Überfluss wurde sie ausgebootet, als Wolfgang öffentlich machte, dass sie Schmuck, der ihr im Krieg von der Mutter des Komponisten Gottfried von Einem übergeben wurde, in einem amerikanischen Pfandhaus versetzt hatte – was zutraf, musste sie sich doch wie viele Emigranten mit kleinen Jobs über Wasser halten und war während des Krieges in beengten finanziellen Verhältnissen. Die Mutter des Komponisten – eine schillernde Baronesse und Spionin – stellte Friedelind bei ihrer Ankunft in Deutschland einen Anspruch auf Schadensersatz zu. Am Ende hatte Friedelind 5000 Dollar und 82 britische Pfund zu zahlen. Gleichwohl war sie moralisch in der Öffentlichkeit angeschlagen. Die Familie half ihr nicht, war vielmehr froh, dass sie sich keiner transatlantischen Gefahr mehr gegenüber sah.

Als Friedelind wenig Initiative zeigte, wandte sich der Bayreuther Oberbürgermeister Oskar Meyer im August 1946 an einen anderen integren Wagner-Enkel. Schließlich lag eine schnelle Wiederaufnahme der Festspiele auch im wirtschaftlichen Interesse Bayreuths. Franz W. Beidler, der Sohn von Richards und Cosimas erster Tochter Isolde, hatte den Krieg in der Schweiz verbracht. Unabhängig vom Urteil des Gerichts 1913, das Isolde nicht als Tochter Richard Wagners anerkannte, war jedem halbwegs informierten Zeitgenossen klar, dass Franz der Enkel Richard Wagners war. Der studierte Jurist war gleichermaßen intelligent wie beschlagen in den Werken seines Großvaters. Er stand den Sozialdemokraten nahe und hatte die Nationalsozialisten von Anfang an und konsequent abgelehnt, weshalb er 1933 in die Schweiz emigrierte. Seit 1943 fungierte er als Sekretär des Schweizer Schriftstellerverbandes. Er entwarf den Plan einer Stiftung, welche die Zukunft der Festspiele lenken und deren Vorsitz Thomas Mann innehaben sollte. Allerdings konnte sein Plan nicht gegen Siegfrieds Testament bestehen, das das Eigentum an den Festspielen unmissverständlich Winifred und deren Kindern zuschrieb.

Thomas Mann und Richard Wagner

Nicht anders als Nietzsche war Thomas Mann von Wagner gleichermaßen fasziniert wie abgestoßen. Seiner Musik konnte sich Mann nie entziehen, Wagners Charakter, seine ästhetizistische »Dekadenz« und geistesgeschichtliche Rolle hat er oft kritisiert. Als Schriftsteller ließ er sich von ihm inspirieren, aber auch in seinem Leben als Künstler bezog er sich auf Wagner. 1918 führte er ihn ganz auf der Linie der konservativen Wagnerianer in den *Betrachtungen eines Unpolitischen* als Zeuge für sein deutsch-nationales Verständnis von Kultur gegen die westlich-demokratische Zivilisation an – gerade auch in Abgrenzung zu seinem Bruder Heinrich, der sich über Wagner in seinem Roman *Der Untertan* lustig machte. Doch ab 1922 bekannte er sich zur neuen Demokratie, in der Folge änderte sich auch seine Blickweise auf Wagner. Manns Essay *Leiden und Größe Richard Wagners* von 1933 ist einer der bedeutendsten Texte über Wagner und ein beeindruckendes Zeugnis der Auseinandersetzung dieses Nachhutkämpfers des deutschen Bürgertums zu Beginn der nationalsozialistischen Diktatur. Er zeichnet ein ganz anderes Bild des nationalen Kultur-Heroen der Nazis und der *Bayreuther Blätter*: »Es ist durch und durch unerlaubt, Wagners nationalistischen Gesten und Anreden den heutigen Sinn zu unterlegen – denjenigen, den sie heute hätten. Das heißt sie verfälschen und mißbrauchen, ihre romantische Reinheit beflecken.« Wagner sei vielmehr das gewesen, was man in der Gegenwart einen »Kulturbolschewisten nennen würde«. Den Blick über Deutschland hinaus weitend, macht Mann bei Wagner ein »Ineinander von Deutschheit und Modernität« aus, seine Werke sind »mit dem Tropfen demokratisch-europäischen Öles gesalbt, der ihnen die Welt öffnet, ihnen internationales Verständnis sichert«. Mann hielt den Vortrag in der Aula der Münchner Universität, daraufhin organisierte sich der »Protest der Richard-Wagner-Stadt München«, der am 16./17. April 1933 in den *Münchner Neuesten Nachrichten* veröffentlicht wurde. Damit wurde die starke ideologische Polarisierung der Wagner-Rezeption deutlich. Vor allem Hans Knappertsbusch, der Bayerische Staatsoperndirektor, und der Komponist Hans Pfitzner, der bisher Mann freundschaftlich verbunden war, übten dabei eine maßgebliche Rolle aus. Der Protest wurde unter anderem von Richard Strauss sowie Karl Fiehler, dem neuen Oberbürgermeister Münchens, unterzeichnet. Auf den »Protest« hin verblieb Thomas Mann im Ausland und musste ins Exil gehen. Die Vertreibung aus München war für Mann ein politisches Trauma und kam einer nationalen Exkommunikation gleich.

Im Exil wurde sein Blick auf Wagner politischer, durch die Erfahrungen des Krieges kam er 1949 zu dem Schluss: »Es ist viel Hitler in Wagner.« Gleichwohl entschied er sich nie gegen Wagner, 1942 schrieb er in einem Brief: »Meine Redeweise über Wagner hat nichts mit Chronologie und Entwicklung zu tun. Es ist und bleibt ›ambivalent‹, und ich kann heute so über ihn schreiben und morgen so.« Im Exil war Wagners Musik gleichzeitig Manns geistige Heimat, stets sollte er ihn als Gegenfolie zu seinem eigenen künstlerischen Schaffen betrachten. Bayreuths Neupositionierung interessierte ihn wenig, die Entrümpelung der Wagner-Enkel sah er als »törichten Modernismus«.

Wolfgang, der als einziger die Stellung in Bayreuth gehalten hatte, hatte Angst, bei der Nachfolgeregelung von seinen Geschwistern ausgebootet zu werden, obwohl er der einzige mit einer soliden Theaterausbildung war. Er war inzwischen der Vater zweier Kinder: Eva, geboren 1945, und Gottfried, 1947. Wieland fuhr anfangs zweigleisig und hatte Kontakt zu Friedelind geknüpft. Als deren Pläne einer *Tristan*-Tournee in den USA scheiterten, zu der Wieland Kostüme und Bühnenbilder entwerfen wollte, war sie keine Gefahr mehr für die Bayreuther. Die Brüder rauften sich zusammen, um die Festspiele gemeinsam zu übernehmen.

Wieland war schriftlich ohne Verfahren als »Mitläufer« eingestuft worden. Regelmäßige Besuche bei Hitler, seine Parteimitgliedschaft und seine kurze Arbeit im »Institut für physikalische Forschungen« standen dem offensichtlich nicht im Wege. Sein alter Feind Tietjen schrieb an Preetorius: »Der Erbe reißt das Werk an sich, und die Bayerische Regierung fällt auf diesen übelsten aller Hitler-Günstlinge herein.« Ob und wie Wieland sich mit seiner Beziehung zu Hitler und seiner Rolle im Dritten Reich auseinandersetzte, bleibt offen, denn er äußerte sich nie dazu. Die anfangs gerade in der amerikanischen Besatzungszone vehement durchgeführte Entnazifizierung verlor rasch an Fahrt. Der beginnende Konflikt zwischen Ost und West ließ die Vergangenheit schnell in den Hintergrund treten, auch fehlte es an qualifiziertem Personal. Die Sowjetunion – im deutschen Vernichtungskrieg von der Wehrmacht niedergebrannt – machte sich daran, einen Gürtel befreundeter Regime in Ost- und Mitteleuropa zu installieren. Schon im März 1946 sprach

Winston Churchill von dem berühmt-berüchtigten Eisernen Vorhang, der über Europa heruntergegangen war. Später betonte der amerikanische Außenminister James Byrnes die Entschlossenheit, Westdeutschland in das westliche Lager zu führen und den Deutschen eine prosperierende Zukunft zu ermöglichen. Im Juni 1948 trat in den Westzonen eine Währungsreform in Kraft; über Nacht waren die Geschäfte wieder gefüllt. Stalin wollte den westlichen Teil Berlins aus der Westzone lösen und verhängte eine Blockade über die Stadt. Fast ein Jahr lang versorgten die Westalliierten die eingeschlossene Stadt von der Luft aus: Stalin hätte keinen besseren Weg finden können, um die Westdeutschen fest in das Lager der USA und ihrer Verbündeten einzubinden. In dieser weltpolitischen Konstellation richtete man den Blick nach vorne und nicht auf die jüngste Vergangenheit. Bezeichnend für den Zeitgeist – in Wortwahl und Argumentation – ist die Begründung, mit der der Ehemann Verenas, der Schwester Wielands und Wolfgangs, der SS-Angehörige Bodo Lafferentz, als Minderbelasteter eingestuft wurde: »Wir sind Deutsche, und wir dürfen Volksgenossen von solch glänzender Begabung und von solch edlem Streben die Zukunft nicht verbauen, ohne uns selbst Schaden zuzufügen.« Man verlangte nach »Realpolitik«, die Deutschen interessierten sich nicht für die jüngste Vergangenheit, sondern machten sich an die Produktion ihres »Wirtschaftswunders«.

1948 wurde der SPD-Mann Hans Rollwagen neuer Oberbürgermeister in Bayreuth, der sich wie schon sein Vorgänger für eine rasche Wiederaufnahme der Festspiele einsetzte. Im November 1948 übersiedelte Wieland mit Familie – inzwischen war er Vater von vier Kindern: Iris, Wolf Siegfried, Nike und Daphne – vom Bodensee nach Bayreuth. Ab 1950 begann man mit den konkreten Plänen für eine Wiedereröffnung der Festspiele, weil sich die finanzielle Lage gebessert hatte. Wolfgang entpuppte sich als wahres Finanzgenie, dem es gelang, Geld aufzutreiben.

Im Januar 1949 unterzeichnete Winifred eine vollständige Verzichtserklärung bezüglich der Festspiele und übertrug diese der Obhut ihrer Söhne Wieland und Wolfgang. Als Vorerbin konnte sie über den Bestand verfügen. Winifred als Eigentümerin des Festspielhauses vermietete dieses an ihre Söhne, so dass sie zu einem Alterseinkommen gelangte. Um die Geldnot zu überwinden und eine Wiedereröffnung der Festspiele zu ermöglichen, wurde 1949 die bis heute bestehende Mazenatenvereinigung »Gesellschaft der Freunde von Bayreuth e.V .« gegründet, deren Mitglieder ebenso konservativ wie wohlhabend waren. Gerhard Rossbach, ein ehemaliger Freikorpskämpfer und Rechtsextremer der Weimarer Zeit, war dabei maßgeblich beteiligt.

WIEDERERÖFFNUNG 1951

Die Wiedereröffnung fand 1951 statt. Wie schon bei den ersten Festspielen wurde angesichts des wichtigen Einschnitts die 9. Symphonie von Beethoven gespielt, und zwar unter der Leitung eines alten Bekannten, Wilhelm Furtwängler. Er hatte sich im weiteren Verlauf seiner Karriere eine Distanz zu den NS-Machthabern bewahrt, stand aber trotzdem als Aushängeschild der Musik im Dritten Reich für die Kontinuität zwischen der Zeit vor und nach 1945. Mit dem jüngeren und karrierebewussten Herbert von Karajan war nicht nur ein scharfer Konkurrent zu Furtwängler auf dem Hügel vertreten, sondern auch ein ehemaliges Parteimitglied, das von Bayreuth aus seine Weltkarriere startete. Ein weiterer berühmter Name war Hans Knappertsbusch, dessen Karriere unter den Nationalsozialisten weniger steil verlief, hauptsächlich weil Hitler ihn als Dirigenten nicht allzu sehr schätzte. An die hohen Gäste der Vergangenheit anknüpfend, erschienen die drei Alliierten Hochkommissare Frankreichs, Großbritanniens und der USA, während Bundeskanzler Konrad Adenauer und Bundespräsident Theodor Heuss der Eröffnung fernblieben – für sie hallte wohl noch zu sehr der Tritt der Nazistiefel im Festspielhaus wider.

Ebenso wenig wie es in Deutschland eine »Stunde Null«, also einen völligen Bruch der Verhältnisse vor und nach 1945 gab, war dies bei den Bayreuther Festspielen der Fall. Wagner-Enkel Beidler, der mit seinem Plan einer Stiftung gescheitert war, übte heftige Kritik an der allzu reibungslosen Wiederauf-

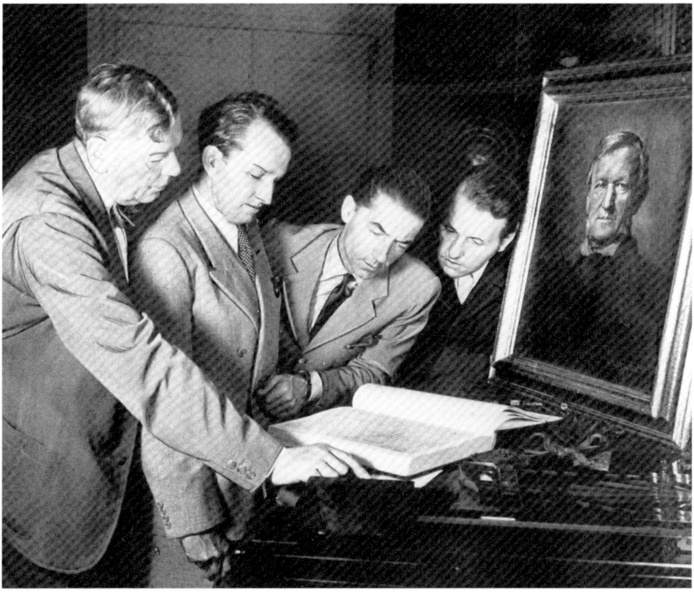

Wolfgang und Wieland Wagner mit Hans Knappertsbusch und Herbert von Karajan. – Fotografie, 1950.

nahme der Festspiele: »Was 1945 schlechterdings unvorstellbar war, ist zur Tatsache geworden: nur sechs Jahre nach einem materiellen und mehr noch moralischen Zusammenbruch ohnegleichen … können die Festspiele in Bayreuth wieder aufgenommen werden, gleich als sei nichts geschehen, können sie einfach fortgesetzt werden, ohne das geringste Anzeichen eines Systemwechsels, einer Kursänderung, eines Gesinnungswandels, sondern im Gegenteil mit stolz betonter Kontinuität und obendrein mit festlichem Prunk, ja mit Pomp und Luxus, als gesellschaftliches Ereignis erster Ordnung.« Und weiter heißt es: »Denn es ist keineswegs nur eine formal künstlerische, sondern eine ideologische Tradition, weil Bayreuth immer weit weniger eine Stätte reiner Kunstausübung ohne außerkünstlerische Zwecksetzung als eine Kultstätte mit weltanschaulicher Mission gewesen ist.« Beidler sollte in der Folgezeit die Festspiele nie mehr besuchen. Er verstarb 1981 in Zürich. Doch anders als Beidler und manche Zeitgenossen fürchteten, wurde die »ideologische Tradition« Bayreuths – für die Namen wie Chamberlain und Hitler stehen – nicht fortgeführt. Wieland und Wolfgang hefteten sich bewusst das Etikett »Neubayreuth« an und baten – wie schon Vater Siegfried 1925 – von politischen Diskussionen während der Festspiele unter dem Wagner-Motto »Hier gilt's der Kunst!« abzusehen. Es sollte trotzdem noch viele Jahrzehnte dauern, bis Bayreuths Rolle während der Jahre 1933 bis 1945 kritisch beleuchtet wurde. Ebensowenig war das alte konservative Publikum der Festspiele mit der Neueröffnung ausgetauscht worden, und der ein oder andere mag weiterhin antisemitische Vorurteile gepflegt haben. Auch in den 50er- und 60er-Jahren trugen ehemalige überzeugte Nationalsozialisten wie Hans Grunsky oder Kurt von Westernhagen als Programmbuchautoren ihr Scherflein zu »Neubayreuth« bei. Dabei halfen sie auch, dieses für die konservative Klientel schmackhaft zu machen. Gleichzeitig gab sich das linke politische Lager auf dem Hügel ein Stelldichein: Ernst Bloch, Hans Mayer und Theodor W. Adorno. Wieland wurde zu einem der linken Vorzeige-Intellektuellen im Adenauer-Deutschland.

Zur Wiedereröffnung wurden zwei *Ring*-Zyklen gegeben, einmal unter dem Dirigat von Knappertsbusch und einmal von Karajan. Außerdem führte man die *Meistersinger* auf, inszeniert von Rudolf Hartmann. Wieland inszenierte den *Ring* und zudem den Bayreuth-Klassiker schlechthin, *Parsifal*. Die Kargheit gerade dieser Produktion verstörte manche Zeitgenossen. Die Inszenierung Wielands, die auf jegliches traditionelle Beiwerk verzichtete, sich einer psychologischen Verdichtung und bühnenbildnerischen Entrümpelung verschrieben hatte, stieß Traditionalisten vor den Kopf und neue Tore der Theatergeschichte auf.

WIELAND ALS REGISSEUR

In der Nachkriegszeit sollte der Inszenierungsstil Wieland Wagners zum Inbegriff dessen werden, was man bald unter »Neubayreuth« zusammenfasste. Damit wurde er zu einem der Begründer des modernen Musiktheaters, das sich nicht mehr darauf beschränkte, eine Geschichte ansprechend zu bebildern, sondern intellektuell aufgerüstet zu Werke ging, um den Subtext offenzulegen und einen neuen Blick auf alte Stoffe zu ermöglichen. Hier begann die bis heute nicht enden wollende Diskussion um »Werktreue« und Regie. Für Wieland, der zweifelsohne ein begabter und kluger Künstler war, bot der Bruch mit der Vergangenheit auch die Chance, sich selbst und seine Kunst neu zu erfinden. Die Kahlheit der Bühne entsprach hier auch dem Kahlschlag der vorgeblichen »Stunde Null«.

Wieland Wagner ging es um die Sichtbarmachung des mythischen und menschlichen Kernes der Opern seines Großvaters. Üppige Bühnenbilder und historische Kostüme verschwanden – zum Leidwesen vieler Opernbesucher. Sein Ziel war eine »Vergriechisierung« des Dramas, 1962 schrieb er: »Vor allem Euripides steht am Anfang des Theaters überhaupt und am Anfang des Werkes Richard Wagners. Je griechischer also der Wagnersche Mythos inszeniert wird, desto mehr entspricht eine Inszenierung dem Urbild der Wagnerschen Vorstellungen.« Vergriechisierung hieß auch Entgermanisierung und damit Entnazifizierung – umgekehrt waren viele der vehementen Gegner Wielands stockkonservativ oder alte Nationalsozialisten, die »ihren« Wagner wiederhaben wollten. Künstlerische und politische Gesinnung waren hier zwei Seiten derselben Medaille. Wieland bezog sich auch auf die Psychologie Jungs, der den Begriff des Archetypen geprägt hatte. Reinmenschliche Konflikte sollten auf die Bühne gestellt werden, die Wagnerschen Dramen trafen auf die moderne Existenzphilosophie. Seine symbolische Lichtführung ließ den Bühnenraum weitgehend dunkel, die Figuren wurden mit abgetönten Scheinwerfern beleuchtet. Mit seiner Bühnenästhetik erwies er den einst als »entartet« gebrandmarkten Künstlern wie Emil Nolde, Marc Chagall oder Paul Klee seine Referenz. Durch den Verzicht auf Illusionserzeugung schuf Wieland ein unsichtbares Theater – und erfüllte damit auch eine paradoxe Forderung des späten Richard Wagner: »Ach, es graut mir vor allem Kostüm- und Schminkewesen: wenn ich daran denke, dass die Gestalten, wie Kundry, nun gemummt werden sollen, fallen mir gleich die ekelhaftesten Künstlerfeste ein, und nachdem ich das unsichtbare Orchester geschaffen, möchte ich auch das unsichtbare Theater erfinden!« Udo Bermbach fasst diese Zeitstimmung der 1950er-Jahre treffend zusammen: »So war der Versuch des ›neuen Bayreuth‹, sich ästhetisch von der vorangegangenen Epoche des Dritten Reiches abzusetzen und damit alle Politik zu vermeiden, sich vielmehr ausschließlich auf ›die Kunst‹ zu konzentrieren, in Wahrheit der Rückgriff auf alte Bildungs- und Kulturtraditionen, die in der frühen Bundesrepublik ganz generell wiederbelebt wurden, obwohl gerade sie das Verhängnis des Nationalsozialismus nicht hatten verhindern können. Dass solche Traditionen mit ihrem dezidierten Anspruch, sich von aller Politik abwenden zu wollen, selbst zutiefst politisch waren, dürfte den meisten, die sie damals beschworen und vertraten, nicht aufgefallen sein.«

Bei der Präsentation von »Neubayreuth« gab sich der ehemalige Hitler-Liebling Wieland als Autodidakt und Intellektueller, der die Zeichen der Zeit erkannt hatte. Den Beitrag Kurt Overhoffs, seines musikalischen Lehrers zwischen 1940 und 1951, ließ er komplett unter den Tisch fallen, was bei diesem für verständliche Erbitterung sorgte. Bei aller künstlerischen Originalität war Wieland Wagner wohl nur das Aushängeschild eines Duos, das aus ihm und seiner Frau Gertrud bestand. Diese schrieb: »Wir waren ein Paar, das die Gestaltung des Inhalts eines Stückes stark in die Hand nahm und in völliger Übereinstimmung – vier Augen, zwei Gehirne, zwei Seelen, die an einer Sache arbeiten – wir waren in dieser Beziehung schon ein und derselbe.« Im gleichen Ton schrieb Wieland als Widmung an seine Frau in eine 1964 erschienene Darstellung seiner Arbeit: »Das sollte eigentlich ein Buch über *Dich* sein – ohne Dich wäre *kein* Bild + *kein* Gedanke!!!« Wolfgang wiederum formulierte diesen Umstand ex negativo: »Also heißt das, dass ich meinen Bruder bereits zu dieser Zeit nicht mehr für autonom halten konnte ... Ich musste darauf Acht geben, rechtzeitig einer Entwicklung vorzubeugen, die meiner Schwägerin eine bestimmende Präpotenz bei der Gestaltung der Festspiele ermöglicht hätte.«

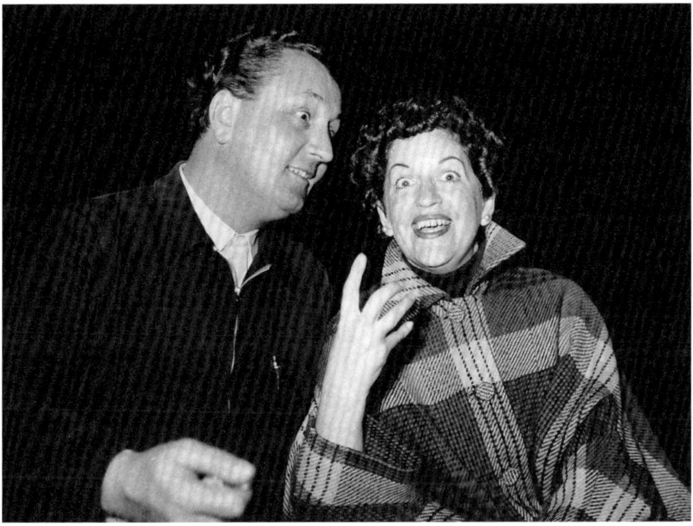

Der Opernsänger Wolfgang Windgassen mit Sopranistin Astrid Varnay. – Fotografie, 1954.

Bayreuth und seine Sänger

Entgegen manchem Vorurteil geht es beim Wagner-Gesang nicht um Lautstärke, »Konsonantenspuckerei« oder steifes Textsprechen. Wagner wollte, dass der »Gesangswohlklang der italienischen Schule in seiner Bildung nicht aufgeopfert« wird und dass »das Orchester den Sänger stets so tragen soll, wie die bewegte See einen Nachen, diesen aber nie in die Gefahr des Umschlagens bringen oder gar verschlingen soll«. Gleichzeitig strebte er eine der deutschen Sprache angemessene Vortragsart an. Missverständlich für den Wagner-Gesang ist der Begriff Heldentenor. Dabei geht es nicht etwa um eine möglichst heroische Ausstrahlung, vielmehr ist in diesen Partien – Tannhäuser, Siegmund, Siegfried, Tristan – dramatische Rollengestaltung gefragt, ebenso Volumen und Modulationsfähigkeit. »Heldentenöre werden nicht geboren – sie werden gemacht«, sagte Lauritz Melichor.

Dieser Sänger definierte den Begriff Heldentenor; er sang 1924 Siegmund und »den größten Parsifal« (Cosima Wagner). Lotte Lehmann, Frida Leider und Friedrich Schorr sind andere Berühmtheiten aus jener Zeit. Einzelne große Sänger und Sängerinnen hatte es immer wieder gegeben in Bayreuth, doch gerade der Neuanfang nach dem Zweiten Weltkrieg markierte einen Qualitätssprung. Den Wagner-Enkeln war es gelungen, »ein Sängerensemble auf die Bühne zu bringen, das die Wiederaufnahme der Festspiele gerade in dieser Hinsicht, allen Unkenrufen zum Trotz, durch Publikum und Kritik gerechtfertigt erscheinen ließ«, wie Wolfgang Wagner schrieb. Mit dem Neubeginn in Bayreuth änderten sich auch die Anforderungen an die Sänger: Gefragt waren nun auch Darsteller, die die Vorstellungen des Regisseurs – vor allem Wieland Wagners – nachvollziehen und umsetzten konnten.
Das Dreigestirn Martha Mödl, Wolfgang Windgassen und Astrid Varnay erfüllte diese Aufgabe perfekt. Alle drei wurden zum Inventar der Jahre nach der Wiedereröffnung. Martha Mödl debütierte 1951 als Kundry, 3. Norne und als Gutrune im *Ring*. Sie kam relativ spät zum Operngesang und begann ihre Ausbildung erst im Alter von 28 Jahren. Sie sang zuletzt 1967 bei den Festspielen. »Gesang, Persönlichkeit und Darstellung sind bei der Mödl eine absolute, untrennbare Einheit«, schrieb Wieland. Ganz anders in Erscheinung und Stimmkultur war Astrid Varnay. Sie debütierte 1951 als Brünhilde und blieb den Festspielen bis 1967 erhalten. Wieland schrieb: »Ihr Gesicht ist unverwechselbar. Es ist das Gesicht der tragischen Darstellerin, wie es durch die Masken der griechischen Tragödie für Jahrtausende geprägt ist … Ihre Darstellung ist das präzise Ergebnis einer absoluten Identifikation mit der Rolle …« In ihr hatte er seine »Sänger-Darstellerin« gefunden. Wolfgang Windgassen sang 1951 den Parsifal und Froh in *Rheingold*. Ab 1953 wurde er als Siegfried der Held des Wielandschen *Rings*. Punktgenau setzte der »Millimeter-Sänger« die Regie-Vorstellungen

um. Seinen Abschied nahm er als Tristan 1970. Seine »Traumpartnerin« war die schwedische Sopranistin Birgit Nilsson – eine der gefeiertsten Interpretinnen von Wagner-Partien –, welche zwischen 1954 und 1970 viel in Bayreuth auftrat und dort vor allem Isolde und Brünhilde sang. Bis heute ist es der Anspruch der Festspiele, die Speerspitze des Wagner-Gesangs zu verpflichten.

»Entrümpelung« war also das Schlagwort Wielands: »Uns interessieren keine germanischen Götter mehr, sondern nur der Mensch.« Hinzu kam der Begriff »Werkstatt Bayreuth«, der vor allem das Credo Wolfgangs werden sollte. Das Werkstatt-Prinzip stand in diametralem Gegensatz zu Cosimas Konservierung des vermeintlichen Willens des Meisters. Die Arbeit an den Inszenierungen ist nie abgeschlossen, jedes Jahr wurde an den Stücken weitergearbeitet, Wieland änderte oft etwas an seinen Inszenierungen.

FAMILIENKONFLIKTE UND TOD WIELANDS

Wenn zwei Brüder auf derselben Bühne die gleichen Werke inszenieren, kommt es zwangsläufig zu Rivalitäten. Wolfgang, der vor allem als Organisator in die Festspiele eingebunden war, inszenierte erstmals 1953 in Bayreuth den *Lohengrin*. Als Regisseur stand er im Schatten seines Bruders. Die Familien waren privat bald verfeindet, die Wieland-Kinder durften nicht mit den Wolfgang-Kindern spielen. Mit zunehmendem Erfolg auch im Ausland rückte Wieland in den Mittelpunkt, sein Bruder Wolfgang wurde bekrittelt. Wieland wurde als der künstlerisch Kreative wahrgenommen, während Wolfgang als Organisator und Manager wirkte. Auch räumlich trennten sie sich: Wieland bezog 1949 mit seiner Familie die Villa Wahnfried, in dessen von Bomben zerstörte Bausubstanz er einen funktionalen Nachkriegsbau setzte. Wolfgang ließ sich 1954 in einem Haus in unmittelbarer Nähe des Festspielhauses nieder.

Auch das Verhältnis der Söhne zu ihrer Mutter gestaltete sich schwierig. Winifred bezog 1957 das sogenannte Siegfried-Wagner-Haus neben der Villa Wahnfried, in dem heute das

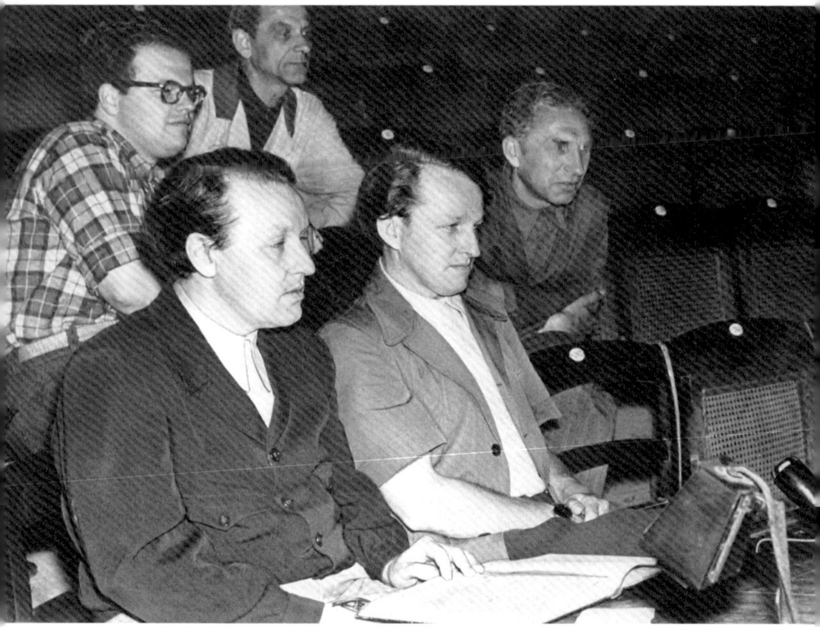

Wieland und Wolfgang Wagner während Proben im Festspielhaus. – Fotografie, 1951.

Richard-Wager-Archiv untergebracht ist. Ihren Lebensunterhalt bestritt sie von den Einkünften aus der Vermietung des Festspielhauses an ihre Söhne. Winifred lud ungeniert Edda Göring und Ilse Heß zu sich ein, strickte ein Netz aus ehemaligen Nazis, pflegte die alten Kontakte und wurde nicht müde, von »USA« – das Kürzel der Altnazis für »unser seliger Adolf« – zu schwärmen. Wieland, der von der nicht enden wollenden Hitler-Begeisterung seiner Mutter abgestoßen war, errichtete eine Mauer zwischen Wahnfried und dem Haus der Mutter. In der Folge verhängten die beiden Söhne im Festspielhaus ein Hausverbot über die Mutter.

1953 besuchte Friedelind erstmals seit 1938 die Festspiele. Ihre eigenen Hoffnungen auf die Leitung der Festspiele hatte sie begraben müssen, doch sie war eine gute Verliererin. In Absprache mit Wieland gründete sie 1959 die »Bayreuther Festspiel-Meisterklasse«, die sich der Förderung des künstlerischen Nachwuchses widmete.

Im Gegensatz zur beruflichen Symbiose zwischen Gertrud und Wieland gestaltete sich das Privatleben schwierig. Der kreative Anteil seiner Frau fiel nach außen hin unter den Tisch. 1954 inszenierte Gertrud endlich in Eigenregie das Bacchanal des *Tannhäuser*. Diese Inszenierung markierte schon im damaligen Verständnis den Höhepunkt des »Neubayreuther« Stils. Seit diesem Jahr – nur drei Jahre nach ihrer Wiedereröffnung – waren die Bayreuther Festspiele immer ausverkauft. Konservative Zeitgenossen empörten sich über die kühle Erotik, die sich auf der Bayreuther Bühne breit machte und so ganz in krassem Kontrast zur Prüderie der 1950er-Jahre stand.

Doch privat durchlebte das Paar problematische Zeiten: Wieland war kein einfach Charakter; er war oft krank, missgelaunt und unzufrieden. Sein Zynismus machte ihn zu einem schwierigen Zeitgenossen, unter dem wohl auch die Kinder und der Bruder Wolfgang gelegentlich litten. Finanzielle Nöte ließen ihn sich um den Posten der damaligen Städtischen Oper in Westberlin bewerben – vergeblich. Von seinem Großvater hatte er einen lockeren Umgang mit Geld geerbt, die praktische Art seines Bruders Wolfgang ging ihm ab. Zudem belastete er seine Ehe immer wieder mit Affären – als Künstler hielt er nicht viel von der »bürgerlichen« Institution Ehe. Gertrud litt darunter, brach eine Schwangerschaft ab und begab sich immer wieder in ärztliche und psychologische Behandlung. Doch Wielands Eskapaden schienen die Ehe im Kern nicht erschüttern zu können.

1960 trat erstmals die 21-jährige Anja Silja in Bayreuth auf. Noch nie gab es eine so junge Senta im *Fliegenden Holländer*. Ihr Einstand in Bayreuth geriet zum Triumph. Bereits mit zehn Jahren war sie das erste Mal öffentlich aufgetreten, mit 15 erfolgte das erste Bühnenengagement. Noch mehr als ihre Stimme begeisterte ihr darstellerisches Talent. Innerhalb von sechs Jahren übernahm sie 20 Rollen in 40 Produktionen von Wieland Wagner in Bayreuth und anderswo – er formte sie zu »seiner« Sängerin. Gelegentlich machte er Anjas Mitarbeit auch zur

Bedingung seiner eigenen. Im Umkehrschluss verzichtete beispielsweise Wolfgang Sawallisch auf seine Mitarbeit bei den Bayreuther *Meistersingern*, weil er Anja in der Rolle der Eva durch und durch für eine Fehlbesetzung hielt. Neben dieser engen künstlerischen Symbiose begannen Wieland und Anja eine Affäre, die bis zu seinem Tod dauern sollte. Für Anja war Wieland die große Liebe ihres Lebens. 1962 traten sie in Brüssel öffentlich als Paar auf. Eine seltsame Dreiecksbeziehung bildete sich heraus: Gertrud spielte nach außen weiterhin die Gattin an der Seite des Festspielleiters. Die restliche Wagner-Familie stellte sich auf die Seite der Ehefrau, und die Regenbogenpresse war selig angesichts der nicht enden wollenden Schlagzeilen.

1963 waren Gertrud, Wieland und Anja an der Neuinszenierung der *Meistersinger* beteiligt – Gertrud fuhr nach den Festspielen nach Sylt und wollte ihren Mann nie mehr wieder sehen. Das Spiel ging aber wie gewohnt weiter, Wieland pflegte seine beiden Beziehungen mehr oder weniger unverhohlen parallel. Gertrud selbst war auch beruflich auf ihren Mann angewiesen, während sich Anja gelegentlich Star-Allüren erlaubte, wie in Kopenhagen 1963, als sie plötzlich abreiste. 1964 reichte Gertrud die Scheidung ein – zu der es jedoch nicht kam.

1965 inszenierte Wieland zum zweiten Mal seit der Wiedereröffnung den *Ring* in Bayreuth. Spätestens seit dieser Zeit baute er körperlich ab, es ging immer wieder das Gerücht um, dass er schwer krank sei. 1966 erlitt er während einer Probe in Bayreuth einen Ohnmachtsanfall, maß diesem jedoch wegen des hohen Arbeitspensums keine weitere Bedeutung bei. Doch im Juli wurde er schließlich ins Krankenhaus eingeliefert. Gertrud war zu dieser Zeit auf Reisen in Griechenland, während Anja sogar in Wahnfried wohnte. Wieland wurde in ein Münchner Klinikum verlegt, wo die Ärzte einen bösartigen, inoperablen Tumor in beiden Lungenflügeln diagnostizierten. Ob und wann Wieland erfuhr, dass er dem Tod geweiht war, bleibt im Dunkeln. Die Familie jedenfalls erfuhr davon zuletzt. Äußerlich nicht allzu sehr angeschlagen, leitete er die Festspiele von seinem Krankenzimmer aus. Zum Ausbruch der Krankheit mögen mehre Umstände beigetragen haben: der permanente

Stress einer Doppelbeziehung mit Gertrud und Anja, ebenso die ungeliebte Partnerschaft mit seinem Bruder als Festspielleiter. Womöglich nagten auch die Geister der Vergangenheit an dem ehemaligen Liebling Hitlers.

Er wurde zunächst aus dem Krankenhaus entlassen, doch später erneut in München eingeliefert, sein Zustand verschlechterte sich. Am 17. Oktober 1966 starb Wieland Wagner. Seine Frau und Kinder waren anwesend, Anja Silja traf ihn nicht mehr lebend an. Seine Leiche wurde von München nach Bayreuth überführt, es fand eine offizielle Trauerfeier im Festspielhaus statt. Er wurde auf dem Stadtfriedhof in Bayreuth neben seinem Vater Siegfried beigesetzt. Gertrud verbat Anja die Teilnahme am Begräbnis, stattdessen begleitete später Friedelind die junge Frau ans Grab Wielands. Anja erfüllte ihren Vertrag mit den Festspielen, kehrte danach aber nie wieder nach Bayreuth zurück.

6 Wolfgang Wagner – Der Patriarch

GRÜNDUNG DER RICHARD-WAGNER-STIFTUNG

Nach dem Tod Wielands übernahm Wolfgang die alleinige Leitung der Festspiele, wie es schon 1949 festgelegt worden war. Er war nun der Alleinherrscher auf dem Hügel – es ahnte zu diesem Zeitpunkt wohl niemand, dass er diese Position noch über 40 Jahre innehaben sollte. Winifred, die nach wie vor als Siegfrieds Witwe alleinige Eigentümerin des Festspielvermögens war, stand hinter ihm. Gertrud wurde nach dem Tod Wielands schnell von den Festspielen verdrängt. Wie von den beiden Brüdern festgeschrieben, ließ Wolfgang ihr eine Rente zukommen, doch bei den Festspielen, vielleicht sogar als Nachfolgerin Wielands, war kein Platz für sie. Gertrud und ihre Kinder mussten auch die Villa Wahnfried verlassen, in der sie nach Wielands Tod noch einige Zeit gewohnt hatten. Wolfgang stellte sich auf den Standpunkt, »wenn der Förster stirbt, dann hat die Förstersfamilie das Forsthaus zu verlassen«. Da ihr der Einstieg in die Leitung des Festspiele nicht gelungen war, brach Gertrud den Kontakt zu Wolfgang und Winifred ab. Die Gräben zwischen den Zweigen der Familie wurden nach Wielands Tod noch tiefer.

Friedelinds Meisterklassen – ein vielversprechendes Projekt – erlebten die neue Phase der Festspiele nicht mehr, sie scheiterten 1967 an finanziellen Mängeln und wohl auch an dem mangelnden Entgegenkommen Wolfgangs. Doch Friedelind widmete sich weiterhin dem Werk Wagners: Sie inszenierte 1967 in Bielefeld *Lohengrin* und 1972 gründete sie in London ein Opernstudio. Außerdem pflegte sie das Andenken ihres geliebten Vaters; 1975 wurde sie Präsidentin der Siegfried-Wagner-Gesellschaft.

Winifred feierte 1967 ihren 70. Geburtstag. Man musste mit ihrem Ableben rechnen, und dafür galt es Vorsorge zu treffen, denn sie war immer noch alleinige Eigentümerin des Festspielvermögens. Mit dem Tod Wielands hatte sich die Lage weiter verkompliziert, denn als Erbfolger kamen nicht nur die drei verbleibenden Enkel Richard Wagners – Wolfgang, Verena und

Friedelind – in Betracht, sondern es galt auch die vier Kinder Wielands zu berücksichtigen. Die fortwährenden Familienstreitigkeiten hätten die Festspiele im Falle von Winifreds Ableben schlimmstenfalls handlungsunfähig gemacht. Auch wollte Winifred den Nachlass Richard Wagners auf jeden Fall vor der Zerstreuung in alle Winde bewahren. Immer wieder verschwanden Dinge, 1960 schrieb sie ironisch, ihre Enkelkinder lebten in ständiger Angst, »nur durch Verkauf von Manuskripten sich vor dem Hungertode retten« zu können.

Um eine für alle Seiten tragbare Lösung zu finden, rückte der Plan einer Stiftung wieder in den Vordergrund. Dies hatte schon 1913 Siegfried angeregt, aber dann verschwand die Idee wieder in der Versenkung. Nach den Bestimmungen von Siegfrieds Testament brauchte Winifred für eine solche Nachlassregelung die Zustimmung ihrer Nachkommen, doch ein erstes Treffen der Familienmitglieder 1968 endete im Desaster. Friedelind hatte der Presse allerlei Details zugespielt, Wolfgang verbat ihr daraufhin den Zugang zum Festspielhaus. Schließlich raufte man sich doch zusammen, nach langem Hin und Her gründete man am 2. Mai 1973 die »Richard-Wagner-Stiftung«. Das gesamte Archiv kam für 12,4 Millionen DM an den Bund und zwei bayerische öffentliche Körperschaften; Winifred teilte das Geld unter ihren Kindern und den Kindern Wielands auf. Damit blieb die Sammlung intakt, die der Stiftung als ständige Leihgabe zur Verfügung gestellt wurde. Das Festspielhaus fiel an die Stiftung, die Festspiele sind seither Mieter im eigenen Haus. Nach der Restaurierung der Villa Wahnfried wurde daraus ein Museum im Besitz der Stadt Bayreuth, welche dieses als Leihgabe der Stiftung überließ.

Die komplizierte Regelung der Stiftungsurkunde ließ der Familie Wagner nur einen kleinen Anteil an Stimmen übrig. Sie hatte ebenso fünf Stimmen wie die Bundesrepublik und der Freistaat, mit dem Tod Winifreds erlosch eine Stimme der Familie, die seitdem vier innehat. Die Stadt Bayreuth verfügt über drei, die Gesellschaft der Freunde von Bayreuth, der Bezirk Oberfranken und die Bayerische Landesstiftung verfügen über je zwei Stimmen, die Oberfrankenstiftung über eine

Stimme. Das Familien-Theater, als das es von außen vielleicht wahrgenommen wird, ist längst keines mehr, sondern unterliegt als Stiftung genauen Regeln. Hatte Wolfgang also die Zügel aus der Hand gegeben? Keineswegs, denn die wirtschaftliche Last der Eigentümerschaft war er los, während seine künstlerische Unabhängigkeit garantiert war. Es wurde festgeschrieben, dass die Festspiele auch in Zukunft, sofern geeignete Bewerber vorhanden sind, von einem Mitglied der Familie Wagner geleitet werden sollten. Bis heute haben die Angehörigen der Familie Wagner die Leitung der Festspiele nicht automatisch in der Tasche, durchaus aber einen gehörigen Vorsprung. Gleichwohl wollte sich Wolfgang nicht auf eine dynastische, quasi-feudale Erbfolge festlegen – hatte er doch selbst als Zweitgeborener unter ebendiesem Prinzip gelitten. »Der Name Wagner berechtigt dazu, Vorschläge zu machen, genießt sogar einen favorisierten Status, jedoch keinesfalls in einem prähistorischen, gleichsam feudalen Sinne von ›Erbfolge‹«, schrieb Wolfgang dazu.

ÖFFNUNG DER FESTSPIELE

Die Bayreuther Festspiele in ihrer heutigen Gestalt sind ganz wesentlich das Werk Wolfgang Wagners. Jedoch war er bei der alleinigen Übernahme der Festspielleitung weit entfernt von seinem späteren legendären Ruf als Theater-Übervater. Er erbte eine Operninstitutiton, die dank der Arbeit seines Bruders als die angesehenste der Welt galt. Sein Organisationstalent war weithin anerkannt, doch nicht wenige fürchteten um das künstlerische, vor allem inszenatorische Niveau Bayreuths und warteten auf den Untergang. Wolfgang war sicherlich weniger bahnbrechend mit seinen Inszenierungen als sein Bruder Wieland, bisweilen arg konventionell, und ließ eine klare Linie vermissen. Anders als die Arbeit seines Bruders taten Wolfgangs Inszenierungen niemanden weh, rissen aber auch nicht zu Begeisterungsstürmen hin. Anfangs machten sich künstlerische Ratlosigkeit und Langeweile auf dem Hügel breit, doch Befürchtungen, Bayreuth könnte unter Wolfgangs alleiniger Leitung in der Bedeutungslosigkeit versinken, erfüllten sich nicht.

Wolfgang löste diese Situation sehr klug, indem er immer wieder innovative Gäste von außen als Regisseure auf den Grünen Hügel holte. Bisher hatten ausschließlich Cosima, Siegfried, das Gespann Tietjen und Preetorius und danach die Wagner-Enkel die Inszenierungen besorgt – mit einer Ausnahme: 1951 hatte der Münchner Intendant Rudolf Hartmann die *Meistersinger* inszeniert, aber das war eher der umfangreichen Beschäftigung der Brüder bei den ersten Festspielen geschuldet als dauerhaft konzeptionell motiviert. So machte denn August Everding 1969 mit dem *Fliegenden Holländer* den Anfang in einer langen Reihe von erfolgreichen oder auch weniger erfolgreichen Gästen. Für Aufsehen sorgte die *Tannhäuser*-Inszenierung 1972 des Ost-Berliner Regisseurs Götz Friedrich, der als Nachfolger Walter Felsensteins an der Komischen Oper in Berlin exponiertester Vertreter des »Regietheaters« war. Konservative Wagnerianer störten sich an dem vermeintlichen Kommunisten und SED-Abgesandten. Bahnbrechend wurde die *Ring*-Inszenierung Patrice Chéreaus zum 100-jährigen Jubiläum der Festspiele, welche der eigentliche Startschuss für die lange und erfolgreiche Arbeit Wolfgangs war. Mit diesem Befreiungsschlag wurde Bayreuth zum »künstlerisch aufregendsten Festspielort der Welt«, wie der Kritiker Joachim Kaiser 1988 schrieb.

Chéreaus »Jahrhundert-*Ring*«

Wolfgang Wagners größter Coup war sicherlich die Übergabe der *Ring*-Inszenierung zum 100-jähringen Jubiläum der Bayreuther Festspiele 1976 an den damals erst 31 Jahre alten französischen Regisseur Patrice Chéreau. Das einstige »Theaterwunderkind« brachte so gut wie keinerlei Opernerfahrung mit, außer dass er bei einer Pariser Aufführung der *Walküre* 1972 eingeschlafen war. Empfohlen hatte ihn der von Wieland sehr geschätzte Pierre Boulez, der das Werk musikalisch leiten sollte. Neben Dirigent und Regisseur war das gesamte Team französisch.

Chéreau verlegt die Handlung des Ringes in seine Entstehungszeit gegen Ende des 19. Jahrhunderts. Es fanden sich keine Götter, sondern gewöhnliche Menschen auf der Bühne. Er zeigte die Natur als vom Menschen vergewaltigt und förderte antikapitalistische Bedeutungsschichten in Wagners sozialkritischem Opus zu Tage. Letzteres hatte auch schon George Bernhard Shaw vor 100 Jahren erkannt, und so war es vielleicht weniger die Gesamtinterpretation des vor vielerlei Ideen sprühenden Regisseurs, sondern die von ihm geschaffenen Bilder, die für Aufsehen sorgten. Es wurde die sensationellste Inszenierung seit der Eröffnung der Festspiele vor 100 Jahren. »Seine Ring-Inszenierung hat auf Anhieb Theatergeschichte gemacht«, schrieb *Die Welt*. Die Schlachten um diese Inszenierung samt ihrer publizistischen Begleiterscheinungen sind heute legendär. Der Kritiker des britischen *Observer* schrieb damals: »Ich hatte noch nie in einem Theater einen Protest erlebt, der so wütend war wie der, der das *Rheingold* begrüßte. Aber er wäre erblasst vor dem, was noch kommen sollte. Bis wir *Siegfried* mit seinem mechanisierten Amboss erreicht hatten, hatte ein Rechtsanwalt aus New York wissen lassen, er stelle Pfeifen jedermann zur Verfügung, der gerne pfeifen würde; und in der *Götterdämmerung*, in der Gunther und später selbst Siegfried im Smoking auftraten und Hagens Männer Maschinenpistolen trugen, trug all das zu einem Tumult bei, der zweimal die Vorstellung an den Rand einer Unterbrechung brachte. Als der Regisseur, Patrice Chéreau, sein Bühnenbildner und sein Kostümbildner, Richard Peduzzi und Jacques Schmidt, sich tapfer auf der Bühne zusammen mit dem Dirigenten, Pierre Boulez, zeigten, wurden sie mit einem anhaltenden Wutgeheul begrüßt.«

Heute würden Prostituierte und Kalaschnikows auf der Opernbühne – zumindest in Deutschland – keinen Hund mehr hinter dem Ofen hervorlocken, geschweige denn in Rage versetzen, doch damals waren konservative Wagnerianer verstört. Es kam zu wilden Ausschreitungen, das Publikum spaltete sich in zwei Fraktionen, es gab Schlä-

gereien, Wolfgangs neuer Frau Gudrun wurde das Kleid zerrissen, »angeblich gingen Freundschaften und Ehen in die Brüche« (Frederic Spotts). Im zweiten Jahr des Ringes wurde der »Aktionskreis für das Werk Richard Wagners e. V.« gegründet, ein Verband stockkonservativer Altwagnerianer, der in der Folge mit Handzetteln, Protestbriefen und ähnlichem vehement »Werktreue« einforderte und die gute alte Zeit aus Cosimas Tagen beschwor. Dabei war die Inszenierung gar nicht so ungewöhnlich; Ähnliches hatte man auch schon in Leipzig, London, Genf und anderswo bei deren Hundertjahr-*Ringen* sehen können. Auch Wieland hatte seinerzeit gehörig aufgeräumt und war ein Bilderstürmer. Doch der »Entrümpler« war immerhin ein Deutscher und Enkel des Meisters, der mit der angemessenen intellektuellen Tiefe ans Werk ging. Die kecken Franzosen mit ihrer ›romanischen‹ Leichtigkeit jedoch hatten die Ikone der Konservativen und Rechten – der alte Geist von Bayreuth war zu dieser Zeit immer noch lebendig – respektlos behandelt.
Die »Werkstatt Bayreuth« zeigte sich jedoch in der Folge von ihrer besten Funktionsweise: Das Publikum lernte den *Ring* schätzen und lieben, nach der letzten Vorstellung der *Götterdämmerung* 1980 dauerte der Applaus unglaubliche 90 Minuten. »Wenn das Theater eine Stätte der geistigen Auseinandersetzung und der aktiven Begegnung zwischen Interpret und Publikum sein soll – ich glaube, diesen Sinn hat Richard Wagner seinen Festspielen gegeben –, so ist dieser Ring eine absolute Notwendigkeit für Bayreuth gewesen«, resümierte zufrieden Wolfgang Wagner.

Neben Patrice Chéreau tummelten sich Theatergrößen wie Harry Kupfer – mit *Der Fliegende Holländer* 1978 – und Heiner Müller – mit *Tristan und Isolde* 1993 – auf dem Grünen Hügel. Für großes Aufsehen sorgte zuletzt Christoph Schlingensiefs *Parsifal* von 2004, der Wagners Bühnenweihfestspiel als Zitate-Reigen sämtlicher Weltreligionen inszenierte.

Das Besondere an Bayreuth ist das von Wolfgang etablierte »Werkstatt«-Prinzip: Die Arbeit an den Inszenierungen ist nie abgeschlossen, jedes Jahr können die Regisseure weiterarbeiten und ihre Inszenierungen verändern. Schon Wieland hatte die seinen als vorübergehend und stets experimental gesehen, er arbeite auch nach der Premiere weiter daran. Im normalen Opernbetrieb ist mit der Generalprobe die Aufgabe des Regisseurs meist erfüllt. Bei der Etablierung des einzigartigen Probenbetriebs kam dem Wagner-Enkel eine wesentliche Rolle zu: »Wenn morgens die Proben beginnen, ist Wolfgang der erste, der auf den Probebühnen ist und schaut. Und wehe, wenn die Technik irgendetwas nicht vorbereitet hat, irgendjemand unpünktlich oder schlampig ist: er packt die Dinge bei den Hörnern und bringt sie in Ordnung ... Man kann mit allem zu ihm kommen, er hat, weil er so praktisch ist, immer eine Lösung parat«, erinnert sich Harry Kupfer. Je älter und erfahrener er wurde, umso mehr perfektionierte er sein Können als Organisator: »Wolfgang war ein Patriarch. Im besten Sinne. Lange Zeit waren die Künstler, die nach Bayreuth kamen, fast wie eine familiäre Gemeinschaft. Das wäre ohne den Patriarchen nicht möglich gewesen. Er war überall und kümmerte sich um alles.« Er hatte für alle ein offenes Ohr. Gesegnet mit einem Dickschädel und einer fränkisch-robusten Art verstand er es, seine Vorstellungen durchzusetzen. Er kämpfte für ein Ensemble-Theater und verweigerte sich dem Star-Rummel: Wer in Bayreuth singen wollte, erhielt seine Gage gemessen an der Rolle und nicht an seinem berühmten Namen. Die Sänger waren verpflichtet, die ganze Probenzeit anwesend zu sein. Generell waren die Sänger-Gagen niedriger als bei anderen Festivals. Weil Geld und Starrummel nicht die vorrangige Rolle spielten, konnte an die experimentierende Gründungsidee angeknüpft werden. Gleichzeitig waren und sind die Ticket-Preise in Bayreuth niedriger als bei vergleichbaren Festivals. So ist auch das Publikum der Festspiele sozial heterogener als beispielsweise in Salzburg.

Wolfgang öffnete die Bayreuther Festspiele auch nach außen durch Gastspiele, wie 1989 in Japan, und Fernsehaufzeichnungen. Die in seinen Vorfahren vorhandene Liebe zu Italien zog auch ihn immer wieder in dieses Land, 1956 inszenierte er die *Meistersinger* in Rom, 1991 *Lohengrin* in Taormina. Wolfgangs letzte Regiearbeit war 1997 *Lohengrin* in Tokio. Gleichzeitig verschrieb er sich einer unaufgeregten und soliden Verwaltung der Festspiele, die diese bis auf den heutigen Tag sichert. Er war ein begnadeter Organisator und ein großes Verwaltungstalent. Das Interesse ist ungebrochen, und der wirtschaftliche Erfolg ist zum größten Teil ein Verdienst Wolfgangs. Selbst war er wenig himmelstürmend-genialisch, sondern zeichnete sich vielmehr durch einen gesunden Pragmatismus aus.

Hinzu kam ein solider Machtinstinkt – nicht unähnlich seiner Großmutter Cosima oder auch seiner Mutter Winifred. Zwar war die Festspielleitung in der Hand eines Mitglieds der Wagner-Familie, aber die Familie als ganze hatte kein Anrecht darauf und sollte es nach Wolfgangs Meinung auch nicht haben.

SPÄTE VERGANGENHEITSBEWÄLTIGUNG UND NACHFOLGESCHLACHTEN

Auch unter Wolfgangs Leitung erfreuten die Wagners die Öffentlichkeit in ihrer Funktion als deutsche »Royals« und lieferten den nötigen Klatsch und Tratsch. 1976 – ausgerechnet im 100. Jubiläumsjahr der Festspiele – ließ sich Wolfgang von seiner Frau Ellen scheiden und heiratete seine frischgekürte Chefsekretärin Gudrun Mack. Darüber brach er auch mit seinen beiden Kindern Eva und Gottfried. Seit dem Tod Wielands war Eva Wolfgangs rechte Hand bei der Leitung der Festspiele gewesen, eine Rolle, die nun Wolfgangs neue Frau einnahm. Eva verließ das heimische Bayreuth und startete eine erfolgreiche internationale Karriere. 1984 wurde sie Direktorin am Royal Opera House Covent Garden, 1987 Programmdirektorin an der Opéra Bastille in Paris, zudem war sie jahrelang Mitarbeiterin des Opernfestivals in Aix-en-Provence. Ellen zog sich – nachdem sie sich vorübergehend bei Winifred niedergelassen hatte, die wegen ihrer »Verbannung« vom Hügel ohnehin mit Wolfgang über Kreuz lag – in ihre Heimatstadt Wiesbaden zurück, wo sie 2002 verstarb.

Evas Bruder Gottfried hat sich als Kritiker der antisemitischen Vergangenheit seiner Familie einen Namen gemacht. Er sieht in Wagners Werk selbst fragwürdige Züge, zwischen Wagners Antisemitismus und dem Holocaust besteht für ihn ein direkter Zusammenhang. Sein Zorn mag verständlich sein, doch geht er in seinem Abrechnungsfuror wohl zu weit, wenn er Wagner als Hitlers direkten ideologischen Vorfahren brandmarkt. Heute widmet er sich der deutsch-jüdischen Versöhnung und ist publizistisch tätig.

Der Syberberg-Film von 1975

Gottfried stellte 1975 den Kontakt zwischen seiner Großmutter Winifred und Hans Jürgen Syberberg her. Der Dokumentarfilmer und ihr Enkel erzählten der alten Dame, sie wollten einen Film über die Festspiele machen, doch eigentlich sollte Hitler im Mittelpunkt stehen. Gottfried selbst wollte die Ergebnisse des Filmes für ein eigenes Buch nutzen, er war während der Dreharbeiten als Syberbergs Assistent tätig. Der Film hat zwei Ebenen: das, was Winifred in die Kamera spricht, und das, was sie im vermeintlich persönlichen Gespräch ihrem Enkel und Syberberg sagt; sie wusste nicht, dass dabei ein Tonband weiterlief. Doch letztlich bleibt unklar, wer wen instrumentalisiert hatte: der Filmemacher die alte Frau, indem er sie zu unbedachten Äußerungen verführte, oder die ehemalige Hitler-Freundin den Dokumentarfilmer, dem sie ihre Version der deutschen Geschichte erzählen konnte. Schließlich hatte sie vor Beginn der Dreharbeiten noch Leni Riefenstahl angerufen und um Tipps gebeten. Unabhängig davon ist der so entstandene Film *Winifred Wagner und die Geschichte des Hauses Wahnfried 1914 bis 1975* eine der interessantesten Quellen zur Geschichte der Wagners. Er gibt sich schlicht in Form eines fünfstündigen Interviews. Winifred wirkt mit ihren 78 Jahren erstaunlich munter und nicht unsympathisch. Gleichzeitig rückt sie keinen Deut ab von ihrer Begeisterung für Hitler. Berüchtigt sind ihre Worte: »Wenn Hitler heute hier zur Tür hereinkäme, ich wäre genauso fröhlich und glücklich ihn zu sehen wie immer. Alles, was ins Dunkle geht bei ihm: ich weiß, dass es existiert, aber für mich existiert es nicht, weil ich diesen Teil nicht kenne.« Wie schon all die Jahrzehnte vorher machte sie für das Schlechte im Dritten Reich andere verantwortlich – Streicher, Himmler oder Bormann. Beklemmung kommt auf, wenn sie ihre eigene Rolle nicht hinterfragt und das große Leid der Opfer der Nazis mit keinem Wort erwähnt. »Ihre Worte waren wie das frei assoziierende Gemurmel eines Analysten auf der Couch des Psychoanalytikers. Sie waren faszinierend, nicht nur weil es die Ansichten einer intimen Freundin Hitlers, sondern weil sie die bauchrednerische Stimme von zahllosen Deutschen und Österreichern waren«, resümiert Frederic Spotts.

Im November 1975 kam der Film in die Kinos. Ein Sturm der Entrüstung brach sich Bahn. Gleichzeitig hatte der Film auch heilsame Wirkung, weil er Diskussionen über die Vergangenheit Deutschlands lostrat. Anders als viele aus ihrer Generation wollte Winifred nichts vertuschen, sondern sprach ausführlich über diese Zeit, was auch Gegnern zumindest Respekt abnötigte. Wolfgang Wagner selbst war das alles höchst unangenehm – es stand 1976 das 100-jährige Jubiläum der Festspiele an. Er untersagte Winifred den Zutritt zu der Veranstaltung und bemühte sich, sie in der öffentlichen Wahrnehmung von den Festspielen zu trennen. Winifred Wagner starb 1980, nicht ohne ihre Korrespondenz und die ihres Mannes mit Hitler und anderen Nazi-Größen bei einer Enkelin in Sicherheit gebracht zu haben.

Vor allem Wielands Kinder machten Wolfgang zur Zielscheibe. Vater Wieland hat zu seiner Rolle im Dritten Reich stets geschwiegen, durch seinen Tod war er einer weiteren Diskussion seiner Person im Zuge der 68er-Bewegung entzogen. Als schließlich die Fenster zur Vergangenheit in Deutschland auf-

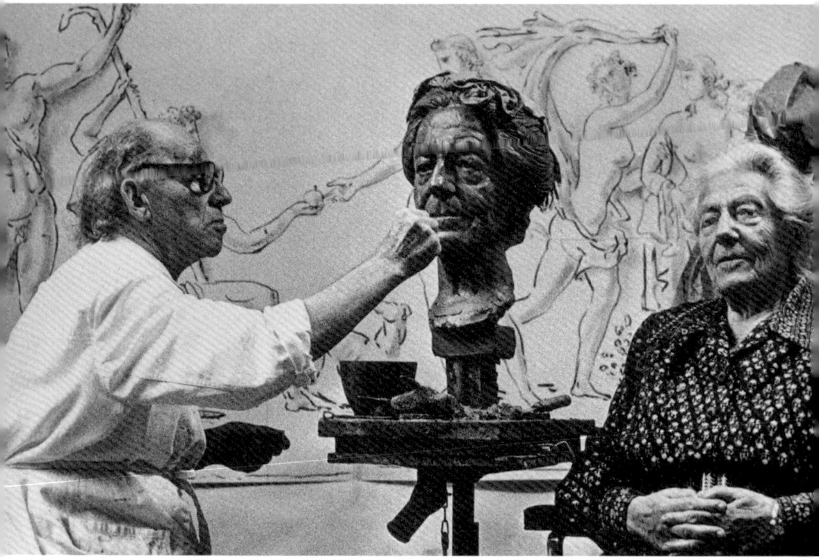

Winifred Wagner sitzt Arno Breker Modell für eine Büste. – Fotografie, 1977.

gerissen wurden, war die Rollenverteilung klar: Wieland war der Gute, Winifred die Böse und Wolfgang der große Vertuscher. So wichtig diese Auseinandersetzung der Kinder mit ihrer Vätergeneration war, so viel Selbstgerechtigkeit kam hinzu: Wolfgang Wagner war weder Antisemit und durch die Nazis kompromittiert, dennoch wollte er wie so viele aus seiner Generation lieber Schweigen als Aufarbeitung. Er hielt sich an das Motto der Wiedereröffnung 1951: »Im Interesse einer reibungslosen Durchführung der Festspiele bitten wir, von Gesprächen und Debatten politischer Art auf dem Festspielhügel freundlichst Abstand nehmen zu wollen.« Die tiefbraune Vergangenheit war bis in die 1970er-Jahre totgeschwiegen worden, Frederic Spotts beschreibt das Bayreuther Publikum der Nachkriegszeit als »ideologisch-kulturelles Rendezvous für die neue Rechte«. Eine Serie von Veröffentlichungen brachte zum 100-jährigen Jubiläum endlich Licht ins Dunkel.

Vehement verteidigte Wolfgang seinen Anspruch auf die Leitung der Festspiele und sprach seinen Kindern und denen seines Bruders die Qualifikation ab – was sicherlich nicht ganz richtig war. Bereits 1984, als Wolfgang das ›natürliche‹ Rentenalter von 65 Jahren erreichte, hatte Wielands Sohn Wolf Siegfried – genannt Wummi – Ansprüche angemeldet; da er sich nicht durchsetzten konnte, zog er sich schließlich erfolgreich ins Immobiliengeschäft zurück. Eine heiße Kandidatin für die Nachfolge war außerdem stets Wielands Tochter Nike. Bei der Studentenrevolte 1967/68 zeigte sie sich heftig engagiert. Später ließ sich Nike eine Weile in Amerika nieder, zog dann nach Wien, wo sie Schriftstellerin und Kritikerin wurde. Bis heute schießt sie mit Beginn der Festspiele regelmäßig publizistische Pfeile gegen ihre beiden Cousinen Eva und Katharina ab, die inzwischen die Leitung innehaben. Ihre Karriere mag mit dem Namen Wagner zusammenhängen, doch ihr Wissen und ihr Talent sind beeindruckend. Die promovierte Musikwissenschaftlerin leitet heute das Kunstfest Weimar.

Relativ streitsüchtig kommentierte Wolfgang die Ansprüche der nachwachsenden Generation: »Natürlich frage ich mich nach den Gründen derartiger Aggressionen, und ich mutmaße, sie könnten mitgetragen sein von dem zwanghaften Bedürfnis, so jene Aufmerksamkeit zu wecken und auf sich zu lenken, die mittels der eigenen, bisher bewiesenen Leistungsfähigkeit wohl versagt blieb. Den Begriff einer mehr oder minder ausgeprägten Profilneurose hier anzuführen, wäre sicher beleidigend, und darum gebrauche ich ihn nicht. Der opponierende Urenkel, bar jeder echten Verantwortung und Pflicht, muss fürchten, dass Herkunft und Glanz des Namens sich abnutzen und verblassen und nicht mehr ohne weiteres die gegebene Möglichkeit einer Übernahme der Festspiele legitimieren.« Wolfgang Wagner favorisierte für seine Nachfolge seine zweite Frau, die zunehmend die Rolle einer rechten Hand einnahm, und seine 1978 geborene Tochter Katharina.

2001 wurde Eva Wagner-Pasquier vom Stiftungsrat angesichts des hohen Alters von Wolfgang Wagner mit 22 zu zwei Stimmen für die Nachfolge ausersehen. Der Plan Wolfgangs war eigentlich gewesen, seine zweite Frau Gudrun zur Nachfolgerin wählen zu lassen. Doch als dies scheiterte, berief sich

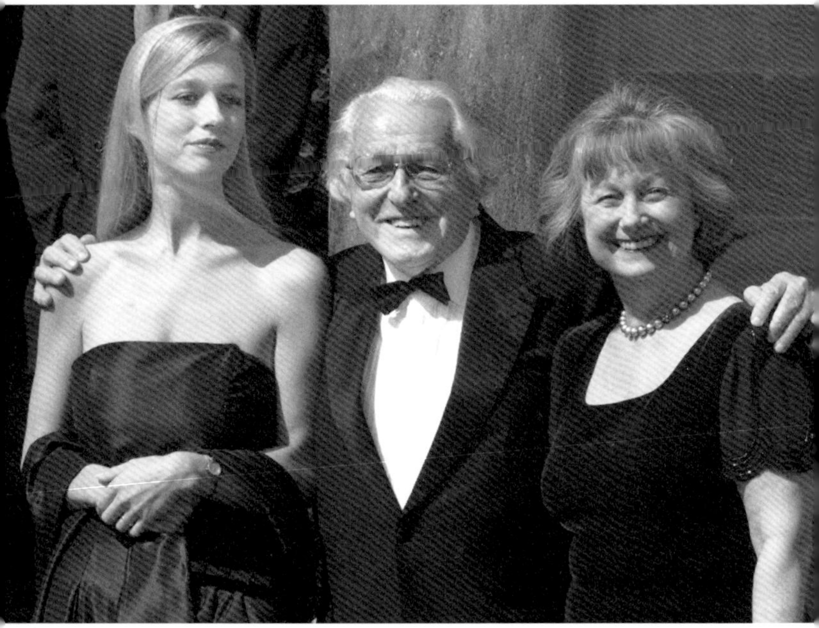

Wolfgang Wagner mit Tochter Katharina und Ehefrau Gudrun bei der Eröffnung der 89. Richard-Wagner-Festspiele. – Fotografie, 2000.

Wolfgang plötzlich auf seinen Vertrag auf Lebzeiten und räumte seinen Posten nicht. Stattdessen wurde Klaus Schultz, Intendant des Münchner Gärtnerplatztheaters, im Dezember 2001 als ehrenamtlicher Mitarbeiter herangezogen, um im Falle eines Ablebens Wolfgangs die Festspiele zu übernehmen, bis eine endgültige Nachfolgeregelung getroffen wäre. Damit war die Lage erst einmal entschärft, Wolfgang baute nun weiter seine Tochter Katharina zur Nachfolgerin auf. Seit 2001 assistierte sie ihrem Vater auf dem Grünen Hügel. Daneben inszenierte Katharina 2002 mit dem *Fliegenden Holländer* in Würzburg ihre erste Oper, der seither mit schöner Regelmäßigkeit eine Inszenierung pro Jahr folgte, zuletzt d'Alberts *Tiefland* in Mainz (2011). In Bayreuth inszenierte sie bisher die *Meistersinger* 2007, welche viele originelle Einfälle enthielten, aber auch für mancherlei Kritik sorgten. Bei all ihren Arbeiten kann sie sich der öffentlichen Wirkung des Namens Wagner – nolens volens – nicht entziehen: Jeder Erfolg bestätigt die genialen Gene, jeder Misserfolg schlägt umso dramatischer zu Buche.

Es sah ganz so aus, als würde Gudrun die Nachfolge ihres Mannes übernehmen, bis Tochter Katharina sich genügend Meriten erworben hätte, um fest bei den Festspielen einzusteigen. Doch Wolfgangs Frau verschied vor ihm, 2007, die Nachfolgefrage wurde angesichts des hohen Alters des Patriarchen wieder dringlicher. Im April 2008 signalisierte Wolfgang, dass er sich eine gemeinsame Leitung der Festspiele durch seine beiden Töchter Eva und Katharina vorstellen könnte. Am 31. August 2008 trat er von der Leitung der Festspiele zurück. Bedingung war, dass die beiden Halbschwestern gemeinsam die Festspiele leiten sollten. Eine kurzfristige Bewerbung Nike Wagners gemeinsam mit dem ehemaligen künstlerischen Leiter der Salzburger Festspiele Gerard Mortier blieb vor dem Stiftungsrat erfolglos, er entschied sich für die von Wolfgang favorisierte Lösung. Mit dem Rücktritt Wolfgangs endete wahrlich eine Ära. Er verstarb am 21. März 2010.

7 Eva und Katharina – Prekäre Modernisierung

AUFBRUCH MIT HINDERNISSEN

Die Schwestern haben eine klare Aufgabenteilung bei der Leitung der Festspiele, die junge und agile Katharina gibt die »Außenministerin«, während die erfahrene Kulturmanagerin Eva »Innenministerin« ist. Katharina verfolgt gleichzeitig weiterhin ihre Arbeit als Regisseurin, für 2015 plant sie eine Inszenierung von *Tristan und Isolde* in Bayreuth. Mit der Übernahme der Leitung gab es auch verschiedene Neuerungen: 2008 wurde der jährliche Reigen von für Kinder bearbeiteten Fassungen eines Werkes Richard Wagners eröffnet – nicht im großen Festspielhaus, sondern auf einer Probebühne. Im selben Jahr wurde erstmals eine Aufführung aus dem Festspielhaus gleichzeitig auf dem Festplatz in Bayreuth übertragen. Der Sponsor Siemens, der das Public Viewing ermöglicht hat, ist jedoch im Herbst 2011 überraschend ausgestiegen. Damit ist diese Veranstaltung erst einmal am Ende. Stattdessen gab es während der Festspiele 2012 Live-Übertragungen des bildmächtigen *Parsifal* in der Inszenierung von Stefan Herheim in ausgewählte Kinos. Im Übergangsjahr 2009 gab es keine Neuinszenierung in Bayreuth, 2010 feierte der *Lohengrin* unter dem umjubelten Dirigat von Andris Nelsons Premiere; Hans Neuenfels' Inszenierung wurde zwar teils heftig gerügt, doch schon 2011 hatten sich die Wogen wieder geglättet. Vielleicht waren auch viele abgelenkt von der missglückten *Tannhäuser*-Produktion, die bei Publikum wie Kritik gleichermaßen auf wenig Begeisterung stieß. Für Aufsehen sorgte 2012 die kurzfristige Absage des Bassbaritons Evgeny Nikitin kurz vor der Premiere des *Fliegenden Holländers*. Der russische Sänger der Titelpartie war nach Medienberichten wegen seiner Tätowierungen, die mit nationalsozialistischer Symbolik in Verbindung gebracht werden können, ins Gerede geraten, woraufhin sich die Festspielleitung rasch und entschlossen distanzierte.

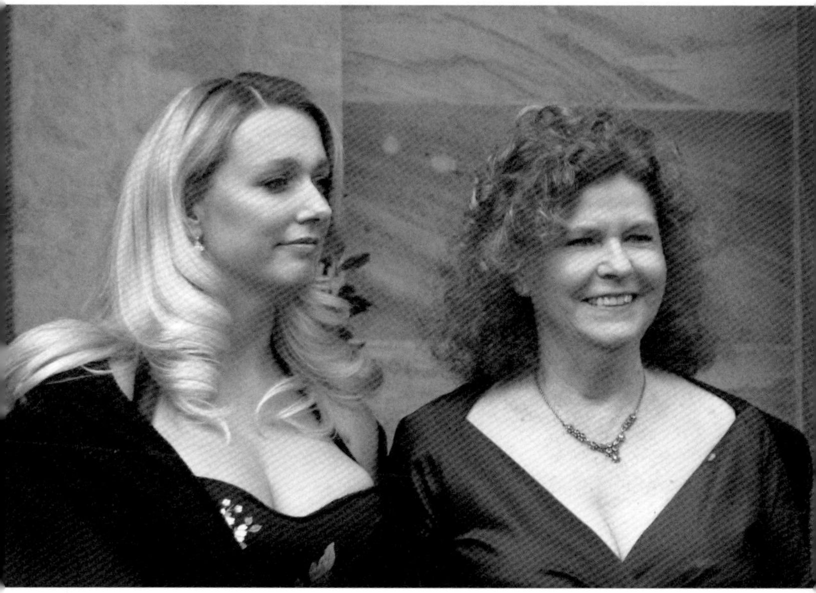

Katharina Wagner (l.) und Eva Wagner-Pasquier bei der Premiere der Bayreuther Festspiele. – Fotografie, 2009.

Die beiden Schwestern haben von ihrem Vater einen soliden Betrieb übernommen, in dessen Gebälk es – wie sollte es anders sein – gleichwohl knirscht. Und dies im wahrsten Sinne des Wortes: Beispielsweise ist dringend eine Sanierung des Festspielhauses nötig. Doch wer die Kosten von mindestens 50 Millionen Euro übernehmen soll, ist bis jetzt unklar. Generell stehen die Festspiele vor der Herausforderung, einen etwas verschlafenen Quasi-Familienbetrieb, der lange Zeit von Wolfgang Wagner patriarchalisch geleitet wurde, in eine moderne GmbH umzuwandeln. Im Sommer 2011 hatte es Pressemeldungen gegeben, wonach ein zu kleiner Teil der Karten in den freien Verkauf käme. Die Festspiele haben die Kritik ernst genommen und die festen Kontingente an Karten zurückgeschraubt; seitdem gehen mehr Karten als vorher in den freien Verkauf. Das Interesse ist weiterhin ungebrochen, für die Festspiele

2012 wurden 303 000 Karten bestellt. Um die Organisation der GmbH modernen Bedürfnissen anzupassen, wurde im März 2012 beschlossen, den beiden Halbschwestern einen kaufmännischen Leiter zur Seite zu stellen. Vielleicht wird das Entscheidungsjahr ja 2013: Zum 200. Geburtstag Richard Wagners werden sich die Opernhäuser in aller Welt mit Wagner-Aufführungen gegenseitig zu übertrumpfen suchen, und Bayreuth wird ganz besonders im Mittelpunkt stehen. Frank Castorf inszeniert hier den *Ring des Nibelungen*, nachdem die Festspiele aufgrund der Absage Wim Wenders' lange in der Verlegenheit waren, keinen prominenten Namen parat zu habe. Die zu kurz gekommenen Verwandten werden weiterhin ihre medialen Giftpfeile gen Bayreuth abschießen. Dieses Vorgehen ist inzwischen schon eingespielt, hat einen nicht geringen Unterhaltungswert und liefert immerhin kostenlose Reklame für die Beteiligten und die Festspiele. In den Medien wird momentan gerne der Abstieg Bayreuths beschworen und herbeigeschrieben – man hält der Arbeit der beiden Damen wenig zugute. Dabei ist auch eine Spur Frauenfeindlichkeit im Spiel, wie sie schon Cosima und Winifred entgegenschlug. Stünde ein Mann an der Spitze der Festspiele, wäre die Kritik weit weniger vehement. Die Verträge der Urenkelinnen Eva und Katharina laufen bis 2015. Ob die Damen darüber hinaus weitermachen werden, steht in den Sternen. Es ist gut möglich, dass die Leitung der Festspiele ab 2015 das erste Mal in der Geschichte in der Verantwortung einer Person steht, die der Familie verwandtschaftlich nicht verbunden ist.

WAGNER UND KEIN ENDE

Letztendlich ist die Geschichte der Wagners ein Teil der deutschen Geschichte. Der Antisemitismus des Stammvaters und Cosimas, Winifreds lebenslänglich durchgehaltene Hingabe an Hitler, das Schweigen lange Jahre nach dem Krieg – all das wirft kein gutes Licht auf die Familie. Die Wagners stehen wegen ihrer Prominenz stellvertretend für die Abwege der deutschen Geschichte und für einen Staat, in dem über lange Jahre hinweg ehemalige Nazis unbehelligt blieben und hohe Positionen besetzten. Wagners Motto »Hier gilt's der Kunst!« wurde von vielen angeführt, um die Politik vom Hügel fernzuhalten: Siegfried wollte damit allzu nationalistische Umtriebe verhindern, Adolf Hitler sich als bescheidener Kunstfreund präsentieren, Wieland und Wolfgang schließlich einen Neuanfang nach der moralischen Katastrophe des Nazi-Regimes legitimieren. Doch gerade dadurch wurde die Kunst umso politischer. Die teils heftigen Debatten haben sich gelegt, heute wird niemand mehr ernsthaft Bayreuth öffentlich NS-Affinität unterstellen. Wagner war Antisemit mit durchaus bedenklichen Zügen, Hitler sein Verehrer – doch wenn man die Geschichte der Wagners auf dieses Kapitel verengt, ignoriert man die schon immer weltweite und bis heute anhaltende Strahlkraft des Komponisten und seiner Festspielidee.

Nach dem Zweiten Weltkrieg ist es den Brüdern Wieland und Wolfgang schließlich gelungen, auch zukunftsweisende Kapitel in der Geschichte Bayreuths und des Musiktheaters zu schreiben. Bayreuth bleibt die Urmutter aller klassischen Festivals, getragen von einer einmaligen Atmosphäre und einer großen Hingabe der Mitwirkenden und des Publikums. In Bayreuth geht es viel weniger als bei anderen Festivals ums Sehen und Gesehenwerden. Zwar eignet sich der Reigen der Reichen, Adeligen und Schönen für die mediale Außenwirkung prächtig, ist aber nicht ausschlaggebend. Bayreuth ist mehr: Der Prominenten-Auflauf legt sich nach dem Premierentag, danach tummeln sich Zuhörer aller Länder und Schichten, die einfach nur Wagners Musik genießen wollen. Für Wagner-Verehrer in aller Welt wird das Festspielhaus auch in Zukunft ein Sehnsuchtsort bleiben. Gewiss, es bleibt abzuwarten, wie es mit Wagners Theater und dem Theater um Wagner weitergeht. Sicher ist nur: Bayreuth wäre nicht Bayreuth, wenn die Zukunft nicht ebenso spannend werden würde wie die Vergangenheit.

Anhang

RICHARD WAGNER UND SEINE NACHKOMMEN

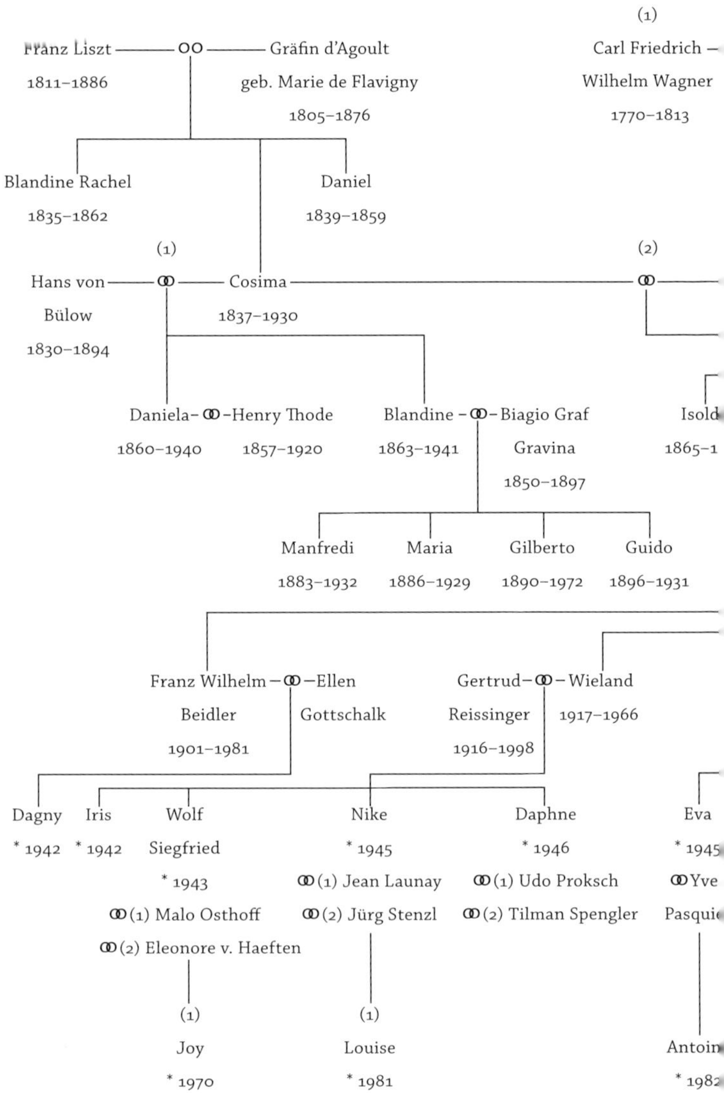

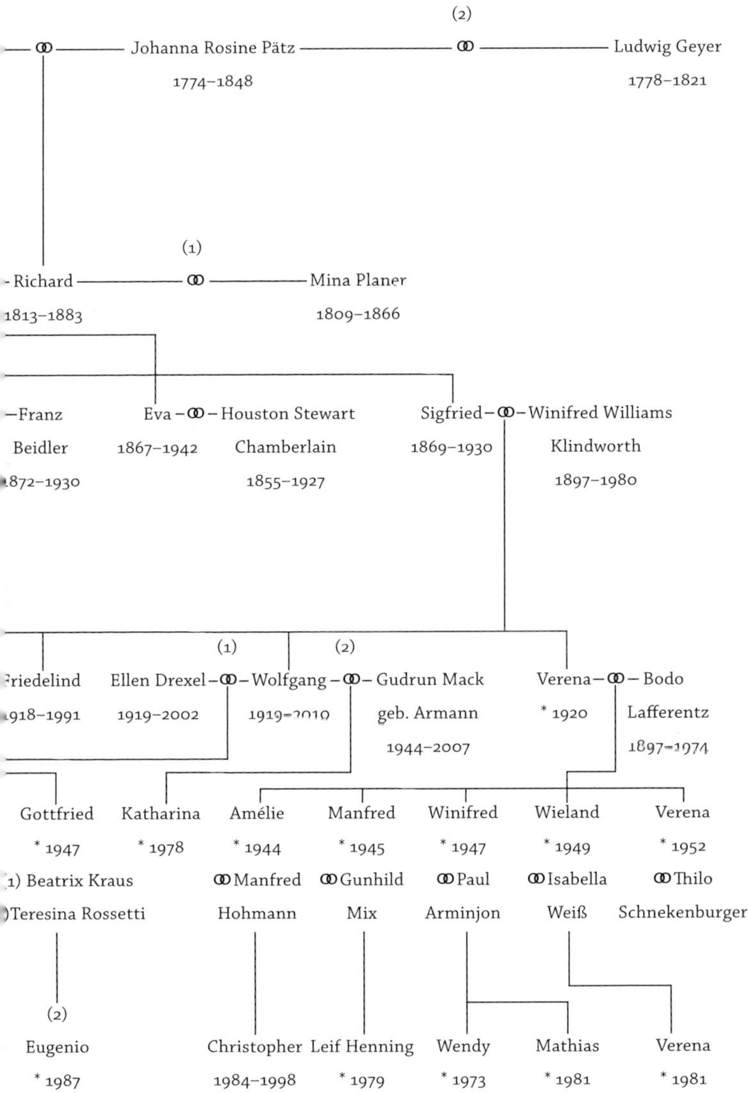
(2)
Johanna Rosine Pätz
1774–1848
Ludwig Geyer
1778–1821
(1)
Richard
1813–1883
Mina Planer
1809–1866
Franz
Beidler
1872–1930
Eva
1867–1942
Houston Stewart
Chamberlain
1855–1927
Sigfried
1869–1930
Winifred Williams
Klindworth
1897–1980
(1)
(2)
Friedelind
1918–1991
Ellen Drexel
1919–2002
Wolfgang
1919–2010
Gudrun Mack
geb. Armann
1944–2007
Verena
* 1920
Bodo
Lafferentz
1897–1974
Gottfried
* 1947
1) Beatrix Kraus
) Teresina Rossetti
Katharina
* 1978
Amélie
* 1944
Manfred
Hohmann
Manfred
* 1945
Gunhild
Mix
Winifred
* 1947
Paul
Arminjon
Wieland
* 1949
Isabella
Weiß
Verena
* 1952
Thilo
Schnekenburger
(2)
Eugenio
* 1987
Christopher
1984–1998
Leif Henning
* 1979
Wendy
* 1973
Mathias
* 1981
Verena
* 1981

Zeittafel

1813	22. Mai: Geburt Richard Wagners in Leipzig
1836	29. März: Uraufführung der Oper *Das Liebesverbot oder Die Novize von Palermo* in Magdeburg
	24. November: Heirat Richards mit der Schauspielerin Minna Planer
1837	24. Dezember: Cosima Liszt wird in Bellagio bei Como geboren
1842	20. Oktober: Uraufführung der »großen tragischen Oper« *Rienzi, der letzte der Tribunen* am Dresdner Hoftheater
1843	2. Januar: *Der fliegende Holländer* wird am Dresdner Hoftheater uraufgeführt
1844	19. Oktober: Uraufführung von *Tannhäuser und der Sängerkrieg auf Wartburg* am Hoftheater Dresden
1849	24. Mai: Wagner flieht in die Schweiz
1850	28. August: Uraufführung des *Lohengrin* am Weimarer Hoftheater unter der Leitung von Franz Liszt
1861	13. März: Der *Tannhäuser* wird erfolglos auf Befehl Napoleons III. an der Pariser Opéra aufgeführt
1864	3. Mai: Richard Wagner erhält in Stuttgart die Einladung Ludwigs II. nach München
1865	10. April: Isolde von Bülow, die erste gemeinsame Tochter Richard Wagners und Cosima von Bülows, wird geboren
	10. Juni: Uraufführung von *Tristan und Isolde* am Münchner Hoftheater unter der Leitung Hans von Bülows
	10. Dezember: Wagner muss München verlassen
1866	25. Januar: Minna Planer stirbt in Dresden
1867	17. Februar: Richards und Cosimas zweite Tochter, Eva von Bülow, wird in Tribschen bei Luzern geboren
1868	21. Juni: Uraufführung von *Die Meistersinger von Nürnberg* am Münchner Hoftheater
1869	6. Juni: Siegfried Wagner wird in Tribschen geboren
	22. September: Uraufführung von *Das Rheingold* in München
1870	26. Juni: Uraufführung von *Die Walküre* in München
	18. Juli: Scheidung Cosimas und Hans von Bülows
	25. August: Heirat von Richard und Cosima
1874	28. April: Die Familie Wagner zieht in die Villa Wahnfried in Bayreuth
1876	13.–17. August: Eröffnung der ersten Bayreuther Festspiele mit der ersten kompletten Aufführung des *Ring des Nibelungen*
1882	26. Juli: Uraufführung von *Parsifal* im Bayreuther Festspielhaus

1883 13. Februar: Richard Wagner stirbt in Venedig

1886 13. Juni: Tod König Ludwigs II. im Starnberger See
1. Juli: Franz Liszt stirbt in Bayreuth

1888 29. Juni: Uraufführung des Jugendwerkes *Die Feen* (entstanden 1834) am Münchner Nationaltheater

1894 12. Februar: Hans von Bülow stirbt in Kairo

1899 22. Januar: Uraufführung von Siegfried Wagners *Bärenhäuter* an der Hofoper München

1901 16. Oktober: Wagners erster Enkel, Franz Wilhelm Beidler, wird in Bayreuth geboren

1908 26. Dezember: Eva Wagner heiratet Houston Stewart Chamberlain

1910 23. Januar: Uraufführung von Siegfried Wagners Oper *Banadietrich* am Hoftheater Karlsruhe

1914 19. Juni: Der Prozess um die Abstammung Isoldes von Richard Wagner endet mit ihrer Niederlage
2. August: Die Festspiele werden wegen Beginn des Ersten Weltkrieges abgebrochen

1915 22. September: Siegfried Wagner heiratet Winifred Klindworth

1917 5. Januar: Wieland Wagner wird in Bayreuth geboren
6. Dezember: Uraufführung von Siegfrieds Märchenspiel *An allem ist Hütchen schuld* am Hoftheater Stuttgart

1918 29. März: Friedelind wird geboren

1919 17. Februar: Isolde stirbt an Tuberkulose
30. August: Geburt Wolfgang Wagners

1920 2. Dezember: Verena wird geboren

1923 1. Oktober: Hitler besucht das erste Mal Villa Wahnfried

1924 22. Juli: Nach zehnjähriger Pause werden die Bayreuther Festspiele wiedereröffnet

1927 9. Januar: Chamberlain stirbt

1930 1. April: Cosima stirbt im Alter von 92 Jahren
4. August: Tod Siegfried Wagners in Bayreuth

1939 1. September: Mit dem Einmarsch der deutschen Armee in Polen beginnt der Zweite Weltkrieg in Europa

1943 26. Dezember: Verena Wagner heiratet Bodo Lafferentz

1944 9. August: Die Bayreuther Aufführung der *Meistersinger* ist die letzte Opernaufführung im Dritten Reich

1945 5. April: erster von drei Bombenangriffen auf Bayreuth, die Villa Wahnfried wird schwer getroffen
8. April: Wieland Wagner und Bodo Lafferentz fliehen vor den Amerikanern an den Bodenssee
22. April: Ein Fluchtversuch der Familien Wielands und Bodos in die Schweiz scheitert

1947	25. Juni: Im ersten Spruchkammerverfahren wird Winifred Wagner als »Aktivistin« (Kategorie II) eingestuft; beide Seiten gehen in Berufung
1948	1. Dezember: Im zweiten Spruchkammerverfahren wird Winifred als »Minderbelastete« (Kategorie III) eingestuft
	10. Dezember: Wieland wird schriftlich als »Mitläufer« (Kategorie IV) eingestuft
1951	30. Juli: Die Bayreuther Festspiele werden wieder eröffnet
1966	17. Oktober: Wieland Wagner stirbt im Alter von 49 Jahren in München
1973	2. Mai: Gründung der Richard-Wagner-Stiftung
1980	5. März: Tod Winifred Wagners im Alter von 82 Jahren
1981	3. August: Franz Wilhelm Beidler, der älteste Enkel Richard Wagners, stirbt in Zürich
1991	8. Mai: Friedelind Wagner stirbt
2001	29. März: Eva Wagner-Pasquier wird zur Nachfolgerin Wolfgang Wagners bestimmt; dieser beruft sich auf seinen lebenslänglichen Vertrag und räumt seinen Posten nicht
2007	28. November: Gudrun Wagner, zweite Ehefrau Wolfgang Wagners, stirbt
2008	1. September: Eva Wagner-Pasquier und Katharina Wagner übernehmen gemeinsam die Nachfolge Wolfgang Wagners in der Leitung der Festspiele
2010	21. März: Tod Wolfgang Wagners

Bildnachweis

akg-images: 29, 84
akg-images/De Agostini Pict. Lib.: 16
Bildarchiv Preußischer Kulturbesitz: 49, 60, 68, 73
Bildarchiv Preußischer Kulturbesitz/Fritz Luckhardt: 23
http://commons.wikimedia.org: 133 (Tafkas, CC BY-SA 3.0)
Nach John Lane (Hg.), Immanuel Kant. A Study and a Comparison with Goethe, Leonardo da Vinci, Bruno, Plato and Descartes, published, 1914: 45
Süddeutsche Zeitung Photo: 77, 89 (Scherl), 90 (Scherl), 93 (Scherl), 107
ullstein bild: 111, 114, 128 (Galerie Marco Ed.), 130 (Reuters)
Verlagsarchiv: 27

Umschlagabbildungen: Vorderseite: Richard Wagner mit Sohn Siegfried. – Undatierte Fotografie (Aufnahme: ullstein bild); Wolfgang Wagnermit seiner Tochter Katharina (l.) und Ehefrau Gudrun (r.) – Fotografie, 2005 (Aufnahme: ullstein bild). Rückseite: Haus Wahnfried in Bayreuth (Aufnahme: Nationalarchiv der Richard-Wagner-Stiftung Bayreuth; Foto: Dr. Gudrun Föttinger)

Literaturverzeichnis

Beidler, Franz Wilhelm: Cosima Wagner-Liszt – der Weg zum Wagner-Mythos. Ausgewählte Schriften des ersten Wagner-Enkels und sein unveröffentlichter Briefwechsel mit Thomas Mann, hrsg. und mit einem Nachwort versehen von Dieter Borchmeyer, Bielefeld 1997.

Bermbach, Udo: Der Wahn des Gesamtkunstwerks. Richard Wagners politisch-ästhetische Utopie, Stuttgart und Weimar ²2004.

Ders.: Richard Wagner in Deutschland. Rezeption – Verfälschung, Stuttgart/Weimar 2011.

Carr, Jonathan: Der Wagner-Clan, Hamburg 2008.

Dahlhaus, Carl: Richard Wagners Musikdramen, Stuttgart 1996.

Danuser, Hermann und Münkler, Herfried (Hg.): Zukunftsbilder. Richard Wagners Revolution und ihre Folgen in Kunst und Politik, Schliengen 2002.

Diebold, Bernhard: Der Fall Wagner. Eine Revision, Frankfurt a. M. 1928.

Gregor-Dellin, Martin: Richard Wagner. Sein Leben, sein Werk, sein Jahrhundert, München 1980.

Fischer, Jens Malte: Richard Wagners »Das Judentum in der Musik«. Eine kritische Dokumentation als Beitrag zur Geschichte des Antisemitismus, Frankfurt a. M. und Leipzig 2000.

Friedländer, Saul und Rüsen, Jörn (Hg.): Richard Wagner im Dritten Reich. Ein Schloss Elmau-Symposion, München 2000.

Friedrich, Sven: Richard Wagner. Deutung und Wirkung, Würzburg 2004.

Hamann, Brigitte: Winifred Wagner oder Hitlers Bayreuth, München 2002.

Hilmes, Oliver: Herrin des Hügels. Das Leben der Cosima Wagner, München 2008.

Mann, Thomas: Im Schatten Wagners. Thomas Mann über Richard Wagner. Texte und Zeugnisse 1895–1955, ausgewählt, kommentiert und mit einem Essay von Hans Rudolf Vaget, Frankfurt a. M. 1999.

Mayer, Hans: Richard Wagner, Frankfurt a. M. 1998.

Nietzsche, Friedrich: Richard Wagner in Bayreuth. Der Fall Wagner. Nietzsche contra Wagner, mit einem Nachwort von Martin Gregor-Dellin, Stuttgart 1973.

Schreiber, Hermann: Werkstatt Bayreuth, München 1986.

Schüler, Manfred: Der Bayreuther Kreis von seiner Entstehung bis zum Ausgang der Wilhelminischen Ära. Wagnerkult und Kulturreform im Geiste völkischer Weltanschauung, Münster 1971.

Shaw, Bernhard: Ein Wagner-Brevier. Kommentar zum Ring des Nibelungen, Frankfurt a. M. 1973.

Spotts, Frederic: Bayreuth. Eine Geschichte der Wagner-Festspiele, München 1994.
Veltzke, Veit: Der Mythos des Erlösers. Richard Wagners Traumwelten und die deutsche Gesellschaft 1871–1918, Stuttgart 2002.
Wagner, Cosima: Die Tagebücher. Zwei Bände, editiert und kommentiert von Martin Gregor-Dellin und Dietrich Mack, München 1976/77.
Wagner, Friedelind: Nacht über Bayreuth, Köln [3]1997.
Wagner, Richard: Sämtliche Schriften und Dichtungen. Volksausgabe, 16 Bände, Leipzig 1911.
Wagner, Siegfried: Erinnerungen, hrsg. und mit einem Nachwort versehen von Bernd Zegowitz, Frankfurt a. M. u. a. 2005.
Wagner, Wolfgang: Lebens-Akte. Autobiographie, München 1994.
Zelinsky, Hartmut: Richard Wagner – ein deutsches Thema. Eine Dokumentation zur Wirkungsgeschichte Richard Wagners 1876–1976, Frankfurt a. M. 1976.

Internetadressen

www.bayreuther-festspiele.de
www.forum.festspiele.de
www.myworldofwagner.de
www.richard-wagner-verband.de
www.siegfried-wagner.org
www.wagnerjahr2013.de
www.wagnermuseum.de
www.wagnerstadt.de

Bibliografische Information der Deutschen Nationalbibliothek
Die Deutsche Nationalbibliothek verzeichnet diese Publikation in der Deutschen Nationalbibliografie; detaillierte bibliografische Angaben sind im Internet über http://dnb.d-nb.de abrufbar.

www.verlag-pustet.de

ISBN 978-3-7917-2444-7

Satz: Vollnhals Fotosatz, Neustadt a. d. Donau
Druck und Bindung: Friedrich Pustet, Regensburg
Umschlaggestaltung: Martin Veicht, Regensburg
Printed in Germany 2012